GILLES VILLENEUVE

Questo libro è dedicato a Marcello Sabbatini, Direttore di Autosprint e Rombo, che seppe propagare più di ogni altro la "Febbre Villeneuve".

This book is dedicated to Marcello Sabbatini, Editor of Autosprint and Rombo, who more than anyone propagated "Villeneuve Fever".

Mario Donnini

IMMAGINI DI UNA VITA

GILLES VILLENEUVE

A LIFE IN PICTURES

GIORGIO NADA EDITORE

Giorgio Nada Editore Srl

Coordinamento editoriale/Editorial manager
Leonardo Acerbi

Redazione/Editorial
Giorgio Nada Editore

Progetto grafico e impaginazione /Graphic Design and layout
Sansai Zappini

Copertina/Cover
Sansai Zappini

Traduzione/Translation
Neil Davenport

Apparato didascalico/Captions
Enrico Mapelli

Giorgio Nada Editore
Via Claudio Treves, 15/17
I – 20090 VIMODRONE MI
Tel. +39 02 27301126
Fax +39 02 27301454
E-mail: info@giorgionadaeditore.it
http://www.giorgionadaeditore.it

Distribuzione/Distribution:
Giunti Editore Spa
via Bolognese 165
I – 50139 FIRENZE
www.giunti.it

Allo stesso indirizzo può essere richiesto il catalogo di tutte le opere pubblicate dalla Casa Editrice.

The catalogue of Giorgio Nada Editore publications is available on request at the above address.

Gilles Villeneuve
ISBN: 978-88-7911-610-7

Fonti iconografiche/*Photographs*

La maggior parte delle immagini pubblicate in questo volume provengono dagli archivi della Giorgio Nada Editore e, in particolare, dai fondi fotografici di Danilo Recalcati ed Erminio Ferranti, acquisiti a suo tempo dalla Casa editrice. Altri scatti sono stati forniti da: Sutton Images, Studio Colombo, Franco Bossi, Emilio Colzani, Diego Fundarò, Giorgio Giovetti, Claudio Pezzoli, Giorgio Proserpio, Ugo Vicenzi.

The majority of the photographs published in this book have been drawn from the Giorgio Nada Editore archives and, in particular, from the photographic collections of Danilo Recalcati and Erminio Ferranti, acquired by the publisher some time ago. Further shots have been supplied by: Sutton Images, Studio Colombo, Franco Bossi, Emilio Colzani, Diego Fundarò, Giorgio Giovetti, Claudio Pezzoli, Giorgio Proserpio and Ugo Vicenzi.

Sommario *Summary*

SMEG

Ercole Colombo

PREFAZIONE
PREFACE

Per me è un vero onore introdurre i lettori a questo libro, che contiene le testimonianze dirette di personaggi – io sottolineo tutti più grandi di me – che nella loro vita Gilles Villeneuve l'hanno conosciuto e vissuto davvero.

E questo resta il modo di raccontare più sincero e serio. L'autore Mario Donnini ha cucito insieme con passione e rigore una raccolta di contributi preziosi, che restituiscono un'immagine di Gilles, a trentatré anni dalla scomparsa, calda, fedele alla realtà e allo stesso tempo affascinante come allora.

Io stesso da fotografo ho avuto il privilegio di dividere per sette stagioni col campione canadese momenti esaltanti quanto emozionanti, apprezzando la classe del pilota e l'amicizia dell'uomo.

Lo conobbi un pomeriggio di fine primavera 1976 a Pau, in F.2, sull'impegnativo e difficile tracciato cittadino francese, quando ancora giovane e apparentemente inesperto fece il suo debutto in Europa, al volante di una March del team Project 4 di Ron Dennis, futuro proprietario della McLaren.

Malgrado non avesse visto mai il tracciato, in prova Gilles entrò sorprendentemente nella top ten e così ebbi la curiosità, il piacere e il dovere, visto che al tempo oltre che fotografo scrivevo dei pezzi e facevo il corrispondente per le gare di formula cadetta, di andarlo a conoscere nel paddock.

Lo trovai cortese, timido, piacevole. Era piccolo e apparentemente indifeso, sembrava un fantino e mi disse nel suo modo ritroso ma volitivo che in fondo non era soddisfatto, perché avrebbe potuto fare meglio, molto meglio. Ne rimasi sorpreso, perché Gilles aveva fatto già tanto, ma lui era così.

In gara dopo 13 giri si ritirò per surriscaldamento del motore, ma lui aveva già fatto impressione tra gli addetti ai lavori, tanto che l'anno dopo gli fu affidata una terza McLaren ufficiale, la vecchia M23, numero di gara 40, per debuttare in F.1 al Gp di Gran Bretagna a Silverstone. E anche stavolta dimostrò di andare molto forte, 9° in qualifica e 11° al traguardo.

Quindi, a sorpresa, arrivò l'ingaggio della Ferrari e l'immediato impiego in gara al posto del neo-iridato Lauda. Da lì iniziò la sua storia sotto i riflettori, che ben presto divenne leggenda. Perché lui andava forte in modo diverso dagli altri.

In pista dava tanto, tutto, ben oltre il limite, eppure si dimostrava fedele agli ordini di scuderia. All'interesse della Ferrari. Per questo era uno che vinceva meno di quanto avrebbe potuto. La verità è che nelle corse ci metteva tutto se stesso ma sempre nel totale rispetto degli interessi di squadra, correndo prima, nel 1978, con Reutemann e poi nel 1979 con Scheckter.

Tra me e Gilles si sviluppò da subito una simpatia reciproca, mi prendeva in giro dicendo che sembravo il sosia di Jarier, anche se non era tanto vero, perché, su, io ero più bello del francese, mica avevo il suo nasone...

Una volta, a una festa nel weekend del Gp d'Austria, a ciascun pilota avevano assegnato dei segnaposti col nome scritto sulle rispettive bandierine nazionali. Così gli chiesi di autografarmi il suo e lui ci scrisse: "Al sosia di Jarier. Gilles Villeneuve".

It is a real honour for me to introduce readers to a book which contains direct testimony from people – all more important than me I would like to emphasise – who knew Gilles Villeneuve in real life.

This is of course the most sincere and authentic way of telling a story. The author Mario Donnini has put together with passion and rigour a collection of precious contributions that present an image of Gilles, 33 years on from his death, that is both warm and true to life and that has all the same appeal as he had then.

As a photographer, for seven seasons I had the privilege of sharing with the Canadian champion moments as exciting as they were moving, enjoying the class of the driver and the friendship of the man.

I met him one late spring afternoon in 1976 at Pau, at a Formula 2 race on the demanding and difficult French street circuit where, still young and apparently inexperienced, he made his European debut at the wheel of a March entered by the Project 4 team run by Ron Dennis, the future McLaren boss.

Despite never having seen the circuit, Gilles recorded a surprising top-10 time in qualifying and so I had the curiosity, pleasure and duty - given that at that time as well as taking photos I wrote articles and worked as a correspondent for the minor categories, to get know him in the paddock.

I found him polite, shy and pleasant. He was small and apparently defenceless, he looked like a jockey and he told me in that bashful but determined way of his that he was not really satisfied, because he could have done better, much better. This surprised me, because Gilles had already done very well, but then this was how he was.

In the race he retired after 13 laps with an overheating engine, but he had already made an impression among those in the know and the following year he was offered a third works McLaren, the old M23, carrying race number 40, for his F1 debut in the British GP at Silverstone. Here again he showed his talent for speed, qualifying 9th and finishing 11th.

Then, to general surprise, came his signing by Ferrari and his immediate replacement of the newly-crowned champion Lauda for the season's final races. It was at this point , under the spotlights, that the real story began, and was soon to become legend. Because he went fast differently from all the others.

On track he gave everything, going well over the limit, and yet he was loyal to every team order. Everything in the interests of Ferrari. For this reason he was a driver who won less than he could have won. The truth is that in races he gave all he had got, but always with absolute respect for the interests of the team, racing firstly in 1978 with Reutemann and then in 1979 with Scheckter.

Between Gilles and I there was an immediate rapport; he would tease me saying I was a double for Jarier, even though it was not really true because, come on, I was better looking than the Frenchman – I hardly had his big nose…

Once, at a party during the Austrian GP weekend, each driver had been assigned place markers with their name written on their respective national flags. I asked him to sign his for me and he wrote: "To Jarier's double. Gilles Villeneuve."

The fact remains that the Canadian was an intelligent and curious boy. Fre-

Fatto sta che il canadese si dimostrava un ragazzo intelligente e curioso. Spesso nei momenti di pausa, tra prove e gare, veniva da me, scherzava, chiacchierava, mi chiedeva di obiettivi e tecniche fotografiche, finendo col curiosare nella mia borsa, perché voleva essere aggiornato su tutto.

In privato, il suo coraggio si mescolava a un'indole deliziosamente giocosa. Quando organizzarono la settimana bianca dei piloti al Sestrière, lui arrivò in elicottero e da lì in poi furono fuoco e fiamme.

Un giorno ci misero a disposizione la famosa pista della Banchetta, che sembrava un biliardo, già pronta per i Tricolori di discesa libera e ci mandarono giù in sette-otto. Giunto all'ultimo schuss, quasi mi fermo per prendere fiato e sento una gran pacca dietro. Che sta succedendo, cosa ho toccato?! Era Gilles, che mi aveva dato una gran botta e mi stava spingendo! E poi al traguardo eccolo lì, che rideva come un matto. Lui era così.

Se lo devo giudicare come pilota, sul piano razionale, dico che avrebbe potuto e dovuto vincere molto di più: per riuscirci, gli sarebbe bastato andare più piano!

Se lo analizzo per le emozioni che ha dato, lo metto ai primissimi posti.

Marcello Sabbatini, direttore del settimanale *Autosprint*, propagò magistralmente nelle sue pagine la "Febbre Villeneuve", un fenomeno d'entusiasmo collettivo e senza data di scadenza. Un'affezione che ancora oggi colpisce dei giovanissimi che scoprono Gilles per la prima volta, magari nei filmati su youtube, vedendolo duellare con Arnoux a Digione 1979, vincere a Moncacarlo 1981 e pure a Jarama, tenendo testa per tutta la gara a una muta di avversari scatenati.

Quindi aggiungo che come personaggio capace di sprigionare appeal verso i tifosi, considero Gilles uno dei più grandi che la F.1 abbia mai espresso e lo sostengo a ragion veduta, visto che da reporter ho alle mie spalle non meno di 670 gran premi.

E a chiudere il cerchio voglio dire che come capacità di andare al limite, e soprattutto oltre, Gilles Villeneuve resta il migliore di tutti. Il più grande.

Il 1982 doveva essere il suo anno buono. Alla Ferrari la gavetta l'aveva fatta, finalmente disponeva della 126 C2 turbo, l'arma totale, velocissima e competitiva e ormai toccava a lui vincere il Mondiale. Era chiaro a tutti.

In primavera mi stoppò chiedendomi una selezione di foto che avevo scattato su di lui, perché le voleva regalare a suo figlio Jacques, il quale le aveva promesse ad alcuni compagni di scuola. Ci teneva molto.

Nel weekend del Gp di Imola mi vide al paddock e mi chiese le foto, ma non se ne fece niente, perché le avevo dimenticate a casa. Pazienza. La consegna era rimandata al Gp successivo a Zolder, in Belgio.

Nel frattempo, però, in pista si sarebbe vissuta una svolta decisiva nella storia di Gilles alla Ferrari e anche per la sua carriera e per la sua vita.

In gara, nel Gp di San Marino, lui va a riprendere la Renault di Arnoux e poi domina. Nel finale, col compagno Pironi si scambiano le posizioni ma non sembra lotta vera, solo uno show per fare spettacolo. Invece no.

Quando è pronta la bandiera a scacchi, il francese lancia un affondo alla

quently during breaks, between testing and races, he would come to me, we would joke and chat and he would ask me about lenses and photographic techniques, presenting to rummage in my bag, because he wanted to be up-to-date about everything.

In private, his courage combined with a deliciously playful character. When they organized the drivers' ski week at Sestriere, he arrived by helicopter and then all hell broke out.

One day they put the famous Banchetta piste at our disposition. It was billiard table smooth, ready for the national downhill championship and they sent us down in groups of seven or eight. Having reached the final schuss I slowed up to catch my breath when I felt a thump from behind. What was happening, what had I hit? It was Gilles, who had whacked me and was pushing me down the hill! And at the bottom, there he was laughing his head off. That was how he was.

If I have to judge him as a driver, on the rational level I would say he could have and should have won much more: to do so all he needed to do was go slower.

Analysing him in terms of the emotions he aroused, I would put him in first place.

Marcello Sabbatini, editor of the weekly Autosprint, masterful propagated "Villeneuve Fever" from its pages, a phenomenon of collective enthusiasm with no expiry date. An affliction still today caught by young people discovering Gilles for the first time, perhaps in YouTube videos, seeing him duel with Arnoux at Dijon in 1979, win at Monte Carlo in 1981 and again at Jarama, keeping a train of snarling adversaries at bay for the whole race.

I would add that as a character capable of appealing to the fans, I consider Gilles to be one of the greatest Formula 1 has ever seen and this I say from the position of a reporter who has covered no less than 670 Grands Prix.

And to close the circle, I would like to say that in terms of his capacity for driving on the limit and beyond, Gilles Villeneuve remains the very best. The greatest.

1982 should have been his year. He had already paid his dues at Ferrari, he finally had the extremely fast and highly competitive 126 C2 turbo and it was now his turn to win the World Championship. Everybody could see it.

In the spring he stopped me to ask for a selection of photos I had taken of him because he wanted to give them to his son Jacques, who had promised them to a group of school friends. He was very eager.

During the Imola GP weekend he saw me in the paddock and asked about the photos but I had left them at home. Never mind. The delivery was postponed to the next GP at Zolder in Belgium.

In the meantime, however, there was to be an on track turning point in Gilles' Ferrari story, his career and his life.

During the San Marino GP he caught Arnoux's Renault and the dominated the race. Towards the end, however, he was swapping positions with his teammate Pironi in what seemed more of a show than a true duel. Instead that was not the case.

Tosa, con Gilles che neanche si difende e non copre la traiettoria. Il danno è fatto. Pironi primo, Villeneuve secondo.

Il canadese sente tradita l'amicizia, offesi i suoi valori, delusa la buona fede. Gran parte di Gilles muore lì. Glielo si legge in volto, nel dopo gara, in una premiazione durante la quale neanche vorrebbe il trofeo. La rottura con Pironi è insanabile e il rapporto con la Ferrari non sembra più quello di prima.

Zolder, venerdì 7 maggio 1982. Gilles gira solo in pista, ma nel paddock quasi non si vede. È cupo, mai allegro. In pratica, parla solo con l'ingegner Forghieri.

Finalmente sabato 8 maggio ci incontriamo tra un motorhome e l'altro, appena finite le prove libere della mattina. Mi ferma lui e mi dice: "Scommetto che ti sei dimenticato un'altra volta le mie foto!". E io: "No, no, stavolta le ho!". "Dai, vieni con me", risponde Gilles, invitandomi nel suo motorhome.

Salgo gli scalini e all'interno trovo Mauro Forghieri che sta esaminando alcuni dati. Gilles mi invita a sedere su un divanetto, si mette al mio fianco e si fa dare il pacchetto delle foto, esaminandole con cura.

Le guarda, sorride e alcune le mette da parte. Tra queste c'è l'immagine del suo celeberrimo controsterzo nelle prove del Gp d'Argentina 1981. Quando la vede, gli si illuminano gli occhi e dice: "Bella, questa!". "Eh, figurati per me!", replico io e per un attimo ridiamo insieme.

Quindi nota l'immagine nella quale Enzo Ferrari lo bacia. Sorride ancora e la mette tra gli scatti scelti. Si alza, prende una valigetta in pelle, infila le foto in una sagomina in alto a sinistra e mi fa: "Ecco, adesso sono contento!".

Giusto per dire qualcosa, butto là un "Dai, Gilles, quanto al resto, tutte le cose prima o poi andranno a posto". Lui mi guarda, increspa le labbra in un sorriso, mi dà una pacca amichevole e dice: "Ci vediamo dopo!".

Esco, me ne vado a lavorare e mentre cammino per il paddock ripenso a quei due scatti che, tra gli altri da lui scelti, gli sono così piaciuti.

Il primo è quello di Enzo Ferrari che gli dà un bacio.

Lunedì 15 settembre 1980, ore 11 di mattina, presso il ristorante Green Park di Casinalbo, in provincia di Modena. Il Drake sta presentando alla stampa il nuovo pilota per il 1981, Didier Pironi. Pochi fotografi sono ammessi all'evento e Gilles non si vede in giro. Sappiamo che è in ospedale a fare la Tac, un controllo dopo il devastante botto che ha tirato il pomeriggio prima all'approccio della Tosa, nelle fasi iniziali del Gp d'Italia a Imola.

A un certo punto, quasi a sorpresa, Gilles compare, s'avvicina al Drake e gli tende la mano. Parte la mitragliata di scatti dei colleghi – il Commendatore non sopportava i flash perché soffriva di congiuntivite – in una frazione di secondo ciascuno spara le sue cartucce, ma io aspetto, come se l'istinto mi invitasse ad attendere perché c'è nell'aria qualcosa di più. E infatti Enzo Ferrari non si limita alla stretta di mano, ma tira a sé il canadese in un moto d'affetto infinito e lo bacia.

Allora scatto, da solo, quando gli altri hanno già finito le munizioni.

Una foto in bianco e nero, perché c'era poca luce, ma particolare, in quanto, che si ricordi, resta la sola volta in cui il Drake abbia baciato un suo pilota. Certo, è solo uno scatto, eppure forse racconta tanto del rapporto tra Enzo Ferrari e Gilles Villeneuve. Per quello che significa e per come l'ho ottenuto, mi rende orgoglioso.

When the chequered flag was ready, the Frenchman lunged at the Tosa with Gilles not even bothering to defend himself and cover the trajectory. The damage had been done. Pironi first, Villeneuve second.

The Canadian felt his friendship had been betrayed, his values offended and his good faith disappointed. Something in Gilles died there and then. You could see it in his eyes, after the race, during a podium ceremony in which he did not even want his trophy. The break with Pironi was irreparable and his relationship with Ferrari had changed.

Zolder, Friday the 7th of May 1982. Gilles lapped on track but was hardly seen in the paddock. He was pensive, never smiling. In practice, he only spoke to the engineer Forghieri.

Finally, on Saturday the 8th of May, we met between one motorhome and another, the morning's free practice having finished. He stopped me and said: "I bet you've forgotten my photos again!" And I replied: "No, no this time I've got them!" "OK, come with me", replied Gilles showing me into his motorhome.

I climbed the steps and found Mauro Forghieri inside examining certain data. Gilles invited me to sit on a sofa, sat alongside me took the packet of photos and examined them carefully.

He looked at them, smiled and put some to one side. Among these was the shot of his famous drift during practice for the Argentine GP in 1981. When he saw it his eyes lit up and he said: "Nice, this one!" "Heh, you're telling me!", I replied and for a moment we laughed together.

Then he saw the shot in which Enzo Ferrari is kissing him. He smiled again and put it in the chosen pile. He got up, grabbed a leather case, put the photos in a pocket in the top left and said: "OK, now I'm happy!"

Just to same something I murmured a "Come on Gilles, as for all the rest sooner or later it'll sort itself out." He looked at me, his lips cracking in a smile as he patted me on the back and said: "See you later!"

I left, went to work and while I was walking through the paddock thought about those two shots he had liked so much among those he had chosen.

The first was that of Enzo Ferrari giving him a kiss.

Monday the 15th of September 1980, 11 o'clock in the morning at the Green Park restaurant in Casinalbo, in the province of Modena. The Drake is presenting to the press his new driver for 1981, Didier Pironi. Few photographers were admitted to the event and Gilles was nowhere to be seen. We knew that he was in the hospital for a scan, a check-up after the terrible blow he had received the previous afternoon at the Tosa, in the early stages of the Italian GP at Imola.

At a certain point, almost by surprise, Gilles appeared, approached the Drake and offered his hand. There was an immediate burst of shots from my colleagues – the Commendatore hated flashes because he suffered from conjunctivitis – but I waited, as my instinct had told me that something better was coming. And in fact Enzo Ferrari did not restrict himself to a shake of the hand, but pulled the Canadian towards him and kissed him.

It was then that I clicked, when all the others had used up their ammunition.

A black and white photo, because the light was poor, but unusual in that if memory serves it is the only time the Drake ever kissed one of his drivers. Certainly, it is just a photo, and yet it perhaps has much to say about the relation-

Poi c'è l'altro. Sabato 11 aprile 1981, Buenos Aires, mattina, seconda sessione di prove libere del Gp d'Argentina.

Al tempo avevamo i rullini. Roba mica facile. Ci voleva il posizionamento giusto, l'esposizione perfetta e la messa a fuoco ideale. Quindi bisognava scattare un momento prima dell'arrivo del pilota, sennò ti scappava. Ora con l'autofocus è tutta un'altra storia. Non solo. Non potevi mica vedere il risultato – in questo caso una diapo – subito, no, lo facevi solo tornato a casa, al momento dello sviluppo. Be', insomma, sono lì, partono le libere e eccoti Gilles. Clic. Di traverso. Scordolata imperiale, quattro scintille e sbuffo d'erba. Cavolo, che spettacolo.

Sento dentro di me come una voce misteriosa che mi dice: "Guarda che questo lo rifarà. Lo rifarà a ogni giro". Dio mio, era vero.

Il canadese passa quattro volte e, puntualmente, macchina di traverso, scordolata, scintille e sbuffo d'erba. Preciso, al millimetro a clonare un gesto agonistico che è già quasi impossibile compiere correttamente una volta sola.

Ecco un'altra foto simbolo. Lui e il limite. Il suo accarezzare l'impossibile. Il non accontentarsi mai. L'andare oltre infinito. Sempre e comunque. Quell'immagine è diventata ben presto una diapo distribuita ai lettori del settimanale *Autosprint* e mi piace pensarla come il ritratto di una filosofia di correre, di un campione e della sua epoca.

Piacque a tanti e, soprattutto, insieme all'altra, quel sabato mattina è piaciuta a lui, tanto da volerla per suo figlio.

Zolder non è una gran pista per scattare fotografie. I soli due posti buoni sono la chicane prima del rettilineo del via e la variante dietro i box prima del dosso. È lì che mi trovo, dietro i box, nel primo pomeriggio dell'8 maggio 1982, in qualifica, quando a un certo punto si bloccano tutti. È successo qualcosa. Salgo in cima al dosso fatale, guardo lontano per capire, ma ci sono già i teli neri. Poi qualcuno mi dice: "Gilles... è Gilles Villeneuve".

Sì, se ne stava andando un mio amico. Non sarebbe stato né il primo né l'ultimo, ma ero distrutto.

Al tempo scrivevo per i quotidiani *La Stampa* e *La Gazzetta dello Sport* e mi fu chiesto di andare in aeroporto a prendere il collega Gianni Merlo, della Gazzetta. Lo feci. Poi mi recai precipitosamente in ospedale.

Entro e, a un certo punto, la porta della stanza in cui è ricoverato il canadese si apre. Esce Christian Tortora, uno dei più grandi amici di Gilles, che l'aveva accompagnato da quando tutto era iniziato, tra le nevi del Canada, fino a quel pomeriggio. Tortora disse solo: "C'est fini".

Poi partirono le lacrime.

Oggi, trentatré anni dopo, posso solo aggiungere qualcosa.

Sto scrivendo con emozione le righe iniziali di questo libro, atteso dagli appassionati, denso di vita, di ricordi stupendi. E lo faccio col cuore che si muove ancora e con una consapevolezza nuova. Lui non è stato dimenticato.

Per tanti, per tutti noi, è ancora qui. Vivo. Come nei giorni più belli.

Gilles Villeneuve, non è finita.

ship between Enzo Ferrari and Gilles Villeneuve. For what it means and how I obtained it, it makes me very proud.

And then there is the other one. Saturday the 11th of April 1981, Buenos Aires, morning, the second free practice session ahead of the Argentine GP.

At that time we use film. It was by no means easy. You needed to get your positioning right, with perfect exposure and optimum focussing. You also had to shoot an instant before the driver arrived otherwise he would be gone. Now with autofocus it is all very different. That was not all. You could hardly see the resulting image – in this case a slide - immediately. No, you could only do that later at home, when the film had been developed. So, I was there, practice got underway and here came Gilles. Click. Sideways. An imperious charge over the kerb, four sparks and a puff of grass. Spectacular!

I heard a mysterious voice inside me saying: "Look, he'll do that again. He'll do it every lap." And my God, he did.

The Canadian completed four laps and each time it was sideways, kerb, sparks and puff of grass. Precise, to the millimetre, the cloning of a sporting gesture that was almost impossible to perform correctly just once.

Here is another photo-symbol. Him and the limit. His caressing of the impossible. His never settling for anything. His going beyond the infinite. Always. That image soon became a slide distributed to the readers of the weekly Autosprint and I like to think of it as a portrait of a racing philosophy, of a champion and his era.

There were many who liked it and, above all, together with the other one, he liked it that Saturday morning, enough to want it for his son.

Zolder is not a great track for taking photographs. The only two good places are the chicane before the start-line straight and the one behind the pits before the hill. It was there that I found myself, behind the pits, in the early afternoon of the 8th of May 1982 for qualifying when at a certain point everything stopped. Something had happened. I walked to the top of the fatal rise, peering into the distance, but the black screens were already out. Then someone said to me: "Gilles... It's Gilles Villeneuve."

Yes, a friend of mine was leaving us. He was not the first and would not be the last, but I was devastated.

At that time I wrote for the dailies La Stampa and La Gazzetta dello Sport and I was asked to go to the airport and pick up my colleague Gianni Merlo from the Gazzetta. I did so, and then rushed to the hospital.

I went in and soon the door to the room in which the Canadian was lying opened. Out came Christian Tortora, one of Gilles' greatest friends who had been with him from the start, in the snows of Canada, through to that afternoon. All Tortora said was: "C'est fini."

Then came the tears.

Today, 33 years later, I have only one thing to add.

I am full of emotion as I write the opening lines to this book, eagerly awaited by the fans, full of life and wonderful memories. I am doing so with a heart that still beats and with a new understanding. He has not been forgotten.

For many, for all of us, he is still here. Alive. Like in those great days.

Gilles Villeneuve is not finished.

INTRODUZIONE

Gilles Villeneuve ha vinto solo 6 Gp iridati su 67. E se siamo qui a parlarne, a 33 anni dalla scomparsa, vuol dire che è riuscito a sconfiggere, tra gli altri, Tempo e Morte.

Un giorno chiesi a Stirling Moss la differenza tra la F.1 eroica e quella attuale. Lui rispose: «È come se prima camminavamo in equilibrio sopra un filo sospeso a strapiombo sul Grand Canyon. Ora quel filo è ben teso in camera da letto, a un palmo dal materasso: l'abilità richiesta per camminarci su è la stessa, ma la sfida è cambiata per sempre».

Gilles è stato tra gli ultimi miti della F.1 eroica, la fucina del coraggio, quella dei curvoni orridi e affascinanti, dei Cavalieri del Rischio, cantata nel febbricitante *Autosprint* di Marcellosabbatiniana memoria.

Fu e resta un pilota diverso dagli altri, perché alza la posta, sapendo diventare Grand Canyon di se stesso. In 67 Gp si disinteressa della vittoria e del suo significato più nobilitante, ne sa fare addirittura a meno, facendosi bastare solo le sue imprese. Può essere 8°, 13° o 1°, poco importa. Gilles è un mondo, uno stile, una gara a parte.

Sa ridere in faccia alla superiorità della macchina, riuscendo a distruggere o sublimare metallo e caucciù, a seconda della giornata.

Nessuno come lui strapazza "le" Ferrari. Nessuno come lui ama "la" Ferrari ed è riamato, da Enzo Ferrari e dai tifosi tutti. Nessuno come lui viene ricordato, qui e ora, usando solo il presente, perché chiunque l'abbia conosciuto, lo conosca in queste righe o lo conoscerà in futuro, percepisce un senso d'immanenza nostalgica, della sua esistenza effettiva e incancellabile nella magica dimensione del sogno reale, che tanto manca alla F.1 d'oggi.

Nessuno, come lui, dal primo all'ultimo momento, correndo – in pista o nelle memoria –, oggi come allora, sa spegnere il buio.

Un terzo di secolo dopo la morte, Gilles non è scomparso. Il volo maledetto di Zolder ha solo cristallizzato le statistiche, rendendole definitive.

In principio Gilles fu osannato come immagine evoluta del coraggio, dell'agonismo in valore assoluto, svincolato dall'utilitarismo dell'esito, del risultato. Il capovolgimento filosofico del Lauda-pensiero. La sublimazione delle geniali sconfitte contrapposte alla piccolezza delle vittorie ipercalcolate.

Meglio perdere volando che vincere giocando a scacchi. Magari non era questo che intendeva Gilles, ma tale fu il messaggio recepito, il virus infettante che generò la Febbre, ossia l'eccitazione dei tifosi. Una pandemia che tracimò, sfondando barriere spaziali e temporali. E il pensiero conobbe un'affinata evoluzione. Della serie «Meglio vincere poco, ma come dico io».

No, non i novantuno successi di Schumi che si confondono, s'assorbono l'uno nell'altro. Sette titoli per il tedesco, sette vittorie per il canadese, di cui una non valida per il mondiale. Ma Gilles vanta trame da film.

Poi l'evoluzione definitiva. Quella morale. La più pura. Scaturita shakerando l'aiuto meraviglioso che Gilles fornì a Scheckter a Monza '79, il torto subìto da Pironi a Imola '82 e la morte furibonda di Zolder, in un volo che sembra – senza esserlo –, sfogo d'ira, sete di giustizia, disperata autodistruzione sublimante.

Eccola, la fase definitiva. Ultima, raffinata, dove coraggio e spettacolarità in fondo non sono più importanti. Gilles per sempre, sì, perché per sempre campione Puro. Ultimo dei Giusti. Onesto. Ferrarista unico. Che accetta di perdere un titolo, purché sia la Ferrari dell'amico Jody a vincerlo. Che sa aspettare, subire. Ma non oltre la rottura degli argini morali altrui.

Anche in ciò Gilles è davvero inclonabile, diverso, iperdignitoso. Speciale.

Passano i decenni ma i sondaggi del popolo ferrarista parlano chiaro: non c'è ventenne che non ne cada innamorato, dopo aver sentito la sua storia.

E Gilles rivive ora, avvolto da due caldi e dolci strati di sentimenti, poeticamente paradossali. La nostalgia che prova per lui chi non lo ha mai visto dal vivo e la sopraggiunta consapevolezza della sua immortalità da parte di chi lo vide morire.

Salut, Gilles.

Mario Donnini

INTRODUCTION

Gilles Villeneuve won just six of his 67 World Championship GPs. But the fact that we are still here talking about him 33 years after his demise, means he defeated among others both time and death.

I once asked Stirling Moss what the difference between the heroic era of F.1 and the present day series might be. He replied, "It's as if once we would walk along a wire strung across the Grand Canyon. Now that wire is tightly drawn across a bedroom, a span above the mattress: the skill required to complete the walk is the same, but the challenge has changed forever."

Gilles was the last of the legends of heroic F.1, the crucible of courage, that of the terrible, enthralling curves, of the Knights of Risk, celebrated in the feverish accounts of Marcello Sabbatini's Autosprint.

He was and remains a driver apart, perhaps because he raised the bar, knowing that he would become his own Grand Canyon. In 67 GPs he took little interest in victory and its most noble significance; he could do without it, his own feats being quite sufficient. He might finish 8th, 13th or 1st, it mattered little. Gilles was a world, a style, a race apart.

He was capable of laughing in the face of superior machinery, managing to destroy or sublimate metal and rubber, depending on the day.

No one could wring the neck of a Ferrari like him. No one loved Ferrari and was loved in return by Enzo Ferrari and all the fans like him. No one is remembered like him, here and now, using only the present tense, because anyone who knew him, gets to know him through this book or otherwise in the future, perceives a sense of nostalgic immanence of his effective and indelible existence in the magical dimension of real-life dream that is so conspicuously absent from present day F.1.

No one else is capable from start to finish, on track or in our memories, of lighting the darkness like Gilles.

A third of a century after his death, Gilles is still with us. That terrible flight at Zolder only crystallized and rendered definitive the statistics.

Initially, Gilles was worshipped as the distilled image of courage, of competition as an absolute value, removed from the utilitarianism of the outcome, of the result. The philosophical overturning of the Lauda principle. The sublimation of glorious defeats countering the pettiness of hyper-calculated victories.

Better to lose at speed than win playing chess. Perhaps this was not what Gilles intended, but this was the message received, the contagious virus that generated the Fever, the excitation of the fans. A pandemic that we traced, breaking down spatial and temporal barriers. And the philosophy underwent a refined evolution: "Better to win little, but in my own way."

No, not the 91 victories of Schumi that tend to blur into one another. Seven titles for the German, seven victories for the Canadian, one of which in a non-championship race. But Gilles boasts stories worthy of films.

Then came the definitive evolution. A moral evolution, the purest. Originating from a blend of the marvellous assist Gilles provided for Scheckter at Monza in '79, the injustice suffered at the hands of Pironi at Imola in '82 and the furious death at Zolder in a crash that appears – unintentionally - to be an outpouring of anger, a thirst for justice and desperate sublimating self-destruction.

And here is the definitive phase. The ultimate, rarefied phase in which courage and spectacle are no longer important. Gilles forever, yes, because forever a pure champion. Last of the Just. Honest. A unique Ferrarista. One who can accept missing out on a title, as long as it is the Ferrari of his friend Jody who wins. One who knows how to wait, to endure. But not beyond the breaking of moral boundaries by others.

In this too, Gilles is truly unrepeatable, different, dignified. Special.

The decades pass, but surveys of the Ferraristi speak clearly: there is not a young man or woman who does not fall in love after hearing his story.

And Gilles now relives, embraced by two warm, loving layers of poetically paradoxical sentiment. The nostalgia felt for him by those who never saw him race and the understanding of his immortality by those who saw him die.

Salut, Gilles.

Mario Donnini

MICHELIN MIC
27
Agip

Labatt
LONGINES
27
olivetti

Le origini del mito

Gilles Villeneuve viene dal nulla. Dalle nevi canadesi del Québec e dalle corse in motoslitta, da un matrimonio precoce e da una vita da zingaro. La sua è un'estrazione quasi più da centauro, da easy rider, che non da promesso e patinato pilota di F.1, ché poi patinato non sarà mai.

Gilles Joseph Henri Villeneuve nasce alle sei del mattino del 18 gennaio 1950 a Saint-Jean-sur-Richelieu, nelle vicinanze della cittadina di Chambly, anche se, a carriera iniziata, temendo di sembrare troppo vecchio per avere un futuro da top driver, si toglierà due anni, dichiarando d'essere nato nel 1952.

Cresciuto dai genitori Seville e Georgette nella francofona Berthierville, insieme al fratello Jacques, di tre anni più giovane, il suo agonismo invincibile comincia a emergere, piuttosto che sull'asfalto, sulle nevi ghiacchiate della provincia del Québec, nelle rutilanti corse di motoslitte.

In questa pericolosa disciplina debutta nel 1967, diciassettenne, eccelle e nel 1972 fa il salto di qualità, unendosi al Moto-Ski snowmobile Racing Team. Nel 1974 la consacrazione, col trionfo nel Campionato mondiale per motoslitte, a Eagle River, nel Wisconsin. Ma in realtà sono le auto a rapire i suoi sogni.

Ancora teen ager, visto che ottiene la patente a 16 anni, iscrive la sua Ford Mustang a gare di accelerazione di rilevanza locale e partecipa a qualche competizione non ufficiale su ovali in terra battuta.

Alle corse automobilistiche vere e proprie arriva relativamente tardi, nel 1973 in Formula Ford, quindi a 23 anni. E non senza difficoltà economiche, in quanto è già marito e padre, avendo sposato Joann Barthe, il 17 ottobre 1970.

Il primo figlio è Jacques, nato nel 1971, due anni dopo tocca a Mélanie.

È in questa fase underground che conosce il connazionale Christian Tortora, col quale intreccia un'amicizia profonda, tanto da trasformare il nuovo arrivato in corrispondente di Radio Canada ai Gp.

Nessuno meglio di Tortora conosce l'alba del campione Gilles: «L'esplosione del suo talento avvenne in Formula Atlantic nel 1976 – spiega Tortora –, categoria che alla metà degli Anni Settanta vantava al via campioni di vaglia, quali Rosberg (il papà di Nico, ndr), Rahal e Cobb».

Dal 1976, anno in cui si iscrive alla 24 Ore di Daytona con una Chevrolet Camaro e assaggia la F.2 europea a

GILLES
VILLENEUVE

The origins of the legend

Gilles Villeneuve came from nowhere. From the Canadian snows of Québec and from snowmobile racing, from a precocious marriage and from a gypsy lifestyle. His background was more that of a Easy Rider-style biker than that of a slick and promising F.1 driver, slick being something he never was.

Gilles Joseph Henri Villeneuve was born at six o'clock in the morning on 18 January 1950 at Saint-Jean-sur-Richelieu, close to the city of Chambly, even though once his career was underway and concerned about seeming too old to have a future as a top driver, he was to take off two years, declaring that he was born in 1952.

Raised by his parents Seville and Georgette in the Francophile Berthierville, together with his brother Jacques who was three years younger, his invincible competitiveness began to emerge not on the asphalt but on the frozen snows of the Québec province in blood-and-thunder snowmobile races.

He made his debut in this dangerous discipline in 1967, at 17 years of age, excelled and in 1972 was offered the decisive opportunity to join the Moto-Ski Snowmobile Racing Team. 1974 saw the consecration of his talent as he won the snowmobile World Championship at Eagle River in Wisconsin. In reality, however, he was dreaming of cars.

While still a teenager, and having gained his license at 16, he entered his Ford Mustang in local drag races and participated in a few unofficial races on dirt track ovals.

He was to come to Formula Ford circuit racing relatively late, in 1973, therefore at 23 years of age. And not without considerable economic difficulties, as he was already a father after marrying Joann Barthe on 17 October 1970.

His first son, Jacques, was born in 1971 and two years later it was the turn of Mélanie.

During this underground phase he met a fwellow-Canadian, Christian Tortora, with whom he established a great friendship, transforming the new arrival into a correspondent for Radio Canada at the GP meetings.

No one knows more than Tortora about the origins of Gilles the sublime racer: "The explosion of his talent came in Formula Atalantic in 1976", explains Tortora, "a category that in the mid-Seventies boasted great drivers such as Rosberg (the father of Nico ed.), Rahal and Cobb."

From 1976, the year in which he entered the Daytona 24 Hours with a Chevrolet Camaro and had a taste of European Fiormula 2 at Pau, in which he retired, Gilles was almost unbeatable in Formula Atlantic: "And what's more", continues the Canadian journalist, "Gilles was fast but also

Le origini del mito

Pau, ritirandosi, Gilles in Formula Atlantic è quasi imbattibile: «E attenzione – prosegue il giornalista canadese –, lo stesso Gilles è veloce e anche preparatissimo dal punto di vista tecnico, dotato di un istinto formidabile. Come quella volta in cui ebbe un incidente in prova e per la gara si fece dare il telaio del compagno di squadra Jacques Spénard, ma volle tenere il suo motore. Be', poi in corsa Gilles vinse e Spénard ruppe il propulsore». Poi venne la gara cittadina a Trois Rivières e Gilles fece vedere i sorci verdi a gente che veniva dalla F.1, per esempio Vittorio Brambilla e il futuro iridato James Hunt. Quest'ultimo segnalò il canadese al boss McLaren, Teddy Mayer, il quale l'anno dopo, nel 1977, l'ingaggiò per debuttare in F.1, disputando il Gp di Gran Bretagna.

Intanto Gilles sempre nel 1977 incontra l'ex pilota di F.1 Chris Amon, ormai sulla via del tramonto e impegnato in una stagione di commiato nella serie nordamericana Can-Am, per potenti monoposto ex Formula 5000 carrozzate.

Villeneuve corre in Formula Atlantic nelle gare di supporto alla Can-Am, Amon lo vede duellare con Keke Rosberg, considerato uno di sicuro talento, ne resta colpito e decide di dargli una chance.

E così va: il vecchio pilota neozelandese fa ingaggiare il giovane canadese dal mecenate Walter Wolf per la Can-Am, cedendogli la macchina. E Gilles conferma di essere uno speciale.

Tra l'altro fa anche una puntata nel Mondiale marche Gr.5 su Bmw 320 a Mosport, in coppia con Eddie Cheever, giungendo ottimo secondo.

Così Amon viene chiamato a Maranello dagli amici della Ferrari per avere un'opinione sul possibile ingaggio del semisconosciuto Gilles nel team di F.1 del Cavallino Rampante, al posto di Niki Lauda, destinato a vincere nel frattempo il secondo titolo mondiale con la Rossa. E, ancor più che un'opinione positiva, alla Ferrari arriva il giudizio entusiasta di Chris Amon, pilota tenuto molto in considerazione dal Drake e dall'ingegnere Mauro Forghieri. L'operazione Gilles-Ferrari, segretissima, può così andare avanti.

L'emissario di Enzo Ferrari che incontra il canadese è Daniele Audetto e a continuare il tema è lo stesso Tortora: «Si vedono in un hotel a Montreal e Gilles arriva in moto, in tenuta di cuoio, insieme alla moglie: immaginate la sorpresa di Audetto quando vede arrivare il possibile prossimo pilota della Ferrari: un perfetto motard». L'accordo viene raggiunto e la prima intervista assoluta alla stampa italiana è rilasciata nel corso di un rally internazionale in Canada all'inviato di *Autosprint*

The origins of the legend

incredibly well-prepared from a technical point of view; he had a formidable instinct. Like that time he had an accident in practice and for the rqace he used the chassis of his teammate Jacques Spénard, but wanted to keep his own engine. Well, Gilles won the race while Spénard's engine failed."

Then came the race on the street circuit at Trois Rivières and Gilles scared the living daylights out F.1 types like Vittorio Brambilla and the future champion James Hunt. It was Hunt to mentioned the Canadian to the McLaren boss, Teddy Mayer, who the following year in 1977 signed him for his F.1 debut in the British GP.

In the meantime, again in 1977, Gilles had already met the former F.1 driver Chris Amon, now towards the end of his career and racing a farewell season in the North American Can-Am series for powerful ex-F.5000 cars with full-width bodies.

Villeneuve raced in the Formula Atlantic Can-Am support races and Amon saw him duelling with Keke Rosberg, considered to be a sure-fire talent, was impressed and decided to give him a chance.

And so it was: The old New Zealand drive had the young Canadian signed by the patron Walter Wolf for Can-Am, handing him his car. And Gilles confirmed that he was in fact a special talent.

There was also a round of the Group 5 World Championship for Marques with a BMW 320 at Mosport, paired with Eddie Cheever, where they finished an excellent third.

Thus it was that Amon was called from Maranello by his friends at Ferrari for an opinion regarding a drive for the semi-unknown Gilles in the Prancing Horse's F.1 team, replacing Niki Lauda, who was in the meantime about to win his second title at the wheel of the Rossa. Ferrari of course received what was an enthusiastic verdict from Amon, a driver held in high regard by the Drake and the engineer Mauro Forghieri. The top secret Gilles-Ferrari operation could therefore proceed.

The emissary sent by Enzo Ferrari to meet the Canadian was Daniele Audetto and Tortora again continues the story: "They met in a Montreal hotel and Gilles arrived by motorbike, in full leathers, together with his wife: imagine Audetto's surprise when he saw the aspiring new Ferrari driver roll up, a perfect motard." The agreement was reached and the first ever interview with the Italian press was given during an international rally in Canada to the Autosprint correspondent Carlo Cavicchi, to whom Gilles openly confided: "With all the Italian talent, I don't understand why Ferrari came looking for me."

Things took a rapid turn: Niki Lauda, the official works driver, won his second World Championship with two races to go, left the team and allowed Gilles to replace him.

Le origini del mito

Carlo Cavicchi, al quale Gilles confida candido: «Non capisco perché con tanti bravi italiani alla Ferrari cercano me». Le cose prendono una piega veloce: Niki Lauda, pilota titolare, vince il suo secondo titolo mondiale in anticipo di due gare, lascia la squadra e a sostituirlo è proprio Gilles.
Il resto, racconta Tortora, è storia: «Lui andava ai Gp col suo pick-up Bronco che aveva equipaggiato con un treno anteriore GMC, a tirare una mega roulotte, dove viveva nei weekend di gara preferendola agli alberghi. Arrivava con la moglie Joann, i figli Mélanie e Jacques, più il cane. Una variopinta brigata zingaresca che per i modi bohemien faceva storcere il naso a Bernie Ecclestone, il quale già allora cominciava a rendere il paddock un posto sempre più esclusivo».
Il canadesino piace subito e poi sempre di più a Enzo Ferrari, che con lui rivive i brividi già regalati da un altro campione amatissimo: Tazio Nuvolari.
E Gilles vanta anche un tratto prezioso e nascosto, un'interiorità profonda: «Quando offriva la sua amicizia, era per la vita – rivela Tortora –, ma non perdonava tradimenti. Quello di Pironi a Imola 1982 lo offese profondamente e il successivo dramma di Zolder non è estraneo a quella perfidia. Prese questa furbata come una pugnalata alla schiena da uno che considerava un fratello. È questo che l'ha ucciso. E pensare che lui voleva fondare una sua scuderia, dopo aver vinto il titolo 1982, con Ducarouge al timone tecnico...».
Opinioni forti, tinte ancora accese, ipotesi restate tali. Ma l'ode all'amicizia è realtà. Tanto che Gilles è bello ricordarlo anche in una delle sue imprese più commoventi e sottotraccia, a Monza 1979, quando si limita a scortare verso il trionfo iridato il compagno e amico Scheckter, in nome della pura amicizia per Jody e soprattutto di quell'amore per la Ferrari, alla quale dedica la sua vita di campione.

The origins of the legend

The rest, as Tortora says, is history: "He would turn up at the GPs with his Bronco pick-up which he had equipped with a GMC drive train the better to a haul an immense caravan in which he would live during the weekends, preferring it to hotels. He arrived with his wife Joann, his kids Mélanie and Jacques, and the dog. A bizarre gypsy brigade whose Bohemian ways did not sit well with Bernie Ecclestone who around that time set out on a crusade to make the paddock ever more exclusive."

The Canadian made good first impression on Enzo Ferrari who began to like him more and more: he began to relive the thrills once provided by another beloved champion, Tazio Nuvolari.

And Gilles boasted another precious characteristic, hidden depths: "When he offered his friendship, it was for life," reveals Tortora, "but he would never forgive betrayal. That of Pironi at Imola in 1982 offended him profoundly and the subsequent drama at Zolder is not unconnected with that perfidy. He took it as a stab in the back from some one he considered to be a brother. It was this that killed him. And to think that he wanted to start a team, after having won the 1982 title, with Ducarouge at the helm..."

Strong opinions, still smouldering rancour, hypotheses that remain such. But the ode to friendship was true. It is in fact nice to remember Gilles for one of his most moving and subtle feats, at Monbza in 1979, when he restricted himself to escorting to the championship title his teammate and friend Scheckter, in the name of pure friendship for Jody and above all that love of Ferrari, to which he dedicated his racing life.

Parla Chris Amon

Qual'è la prima grande occasione che permette a Gilles Villeneuve di affacciarsi sul panorama internazionale? Anno 1977, Campionato Can-Am. Il 34enne Chris Amon corre per il team del miliardario austro-canadese Walter Wolf, ma dopo 18 anni di corse ne ha abbastanza. E si sta guardando attorno per cercare un sostituto.

Ecco il ricordo di quel periodo, fornito di prima mano dallo stesso Amon: «Alla fine del 1976 firmai per Wolf, perché la Can-Am era una serie breve, senza troppe pressioni per uno come me che aveva appena dato l'addio alla F.1, si era risposato e stava per diventare padre di due splendide gemelle. La Wolf-Dallara era la mia Talon ex Formula 5000, ricarrozzata in Italia. Una monoposto sovrappeso, che spesso mandava in crisi di stress i freni. Oltre che pilota, ero anche manager del team, lavoravo molto più di prima e quand'ero già stanco veniva anche il momento di calarmi nell'abitacolo. Eppure come prestazioni non andavamo male. Partimmo anche in prima fila, una volta. Ma a quel punto decisi di fare una scelta e preferii far assumere qualcun altro nel ruolo di pilota, per concentrarmi più nel management».

Chris Amon spreads the word

What was Gilles Villeneuve's first great opportunity to make an impression on the international scene?

1977, the Can-Am championship.

The 34-year-old Chris Amon was driving for the team owned by the Austrian-Canadian billionaire Walter Wolf, but after 18 years' racing had had enough. He was actually looking around for a replacement.

Here with a first-hand recollection of that period is Chris Amon himself: "At the end of 1976 I signed for Wolf because Can-Am was a short series without too much pressure for some one like me who had just bid farewell to F.1, had remarried and was about to become a father to two fabulous twins. The Wolf-Dallara was my ex-F5000 Talon, rebodied in Italy. An overweight single-eater that frequently stressed out its brakes. As well as the driver, I was also the team manager, working much harder than before and just as I was feeling tired it would be time to climb into the cockpit. Yet performances were not bad. We even started from the front row once. But at that point I decided to make a choice and I preferred to take on some one else as the driver so I could concentrate on management."

CHRONOGRAPH
HEUER
Marlboro

Parla Chris Amon
Chris Amon spreads the word

La soluzione tuttavia pare meno naturale e immediata di quanto auspicato e allora... «Fu così che misi gli occhi su di un ragazzo che secondo me prometteva molto bene – spiega lo stesso Amon – un certo Gilles Villeneuve. Il canadese correva in Formula Atlantic, a volte nelle gare di supporto alla Can-Am in cui ero impegnato io. In una occasione lo vidi duellare stupendamente con Keke Rosberg, considerato pilota di sicuro talento, anche se non proprio giovanissimo. Io guardavo lo sconosciutissimo Gilles combattere senza timore reverenziale per il finlandese, fare cose spettacolari e sentivo crescere l'emozione».

La soluzione, allora, diventa quasi scontata: «Beh – pensai –, se c'è uno al quale posso cedere il mio abitacolo pensando di averlo messo in buone mani, questo è proprio Gilles Villeneuve. No, non mi sbagliavo. Malgrado i problemi della macchina, Gilles andò presto a podio, dimostrando di essere un pilota speciale, al quale il palcoscenico della Can-Am, in fondo, stava piuttosto stretto. Tanto che pochi mesi più tardi mi chiamarono da Maranello gli amici della Ferrari per chiedere una mia opinione sul possibile ingaggio di Gilles per la F.1, al posto del fortissimo Niki Lauda. "Tranquilli, garantisco io", gli risposi. "Questo è l'uomo che fa per voi". Sapevo di non sbagliare».

However, the solution turned out to be less natural and immediate than was thought and so... "It was thus that I first set eyes on a kid I thought was very promising," explains Amon, "a certain Gilles Villeneuve. The Canadian was racing in Formula Atlantic, at times in the support races to the Can-Am series in which I was involved. On one occasion I saw him staging a fantastic duel with Keke Rosberg, considered to be a driver of undoubted talent if not particularly young. I watched the completely unknown Gilles going toe-to-toe with no reverential fear of the Finn, pulling off spectacular moves, and I felt a growing thrill."

The solution then, seemed almost obvious: "Well, I thought, if there's anyone I can leave my cockpit to in the knowledge that it'll be in good hands, that anyone's Gilles Villeneuve. And I was not wrong. Despite the problems with the car, Gilles was soon on the podium, proving himself to be a special driver, for whom the Can-Am stage was, if anything a little small. In fact, a few months later, I had a call from my Ferrari friends at Maranello asking for my opinion on the possibility of signing Gilles for F.1 in place of the great Niki Lauda. 'No problem. Take my word for it', I replied, 'This is your man'. I knew I wasn't wrong."

MICHELIN
FIAT
Agip
olivetti
SKF
arexons

27
Agip
olivetti

L'ingegnere Mauro Forghieri a cuore aperto

Se vuoi conoscere i segreti di un grande giocatore, devi parlare con l'allenatore della sua vita. Tale e quale l'ingegnere Mauro Forghieri fu per Gilles Villeneuve alla Ferrari, da fine '77 fino all'8 maggio 1982, il giorno della tragedia di Zolder.

«Incontrai per la prima volta Gilles al Gp di Gran Bretagna '77, quindi al suo debutto in F.1 a metà stagione, ricorda Forghieri. In Ferrari cominciavamo ad avere problemi con Lauda che voleva più soldi, perché si era fatto l'aereo e aveva una donna nuova. Quella vecchia l'aveva lasciata e dico sfortunatamente perché era d'ottima famiglia. Beh, fatto sta che vidi un tale che debuttava con la terza McLaren e andava forte davvero. Chiesi: "Ma chi è 'sto tappettino?" Mi risposero che era uno che veniva dal Canada. Motoslitte, Can-Am, Formula Atlantic e robe del genere. Uno con un gran senso della vettura, ma nessuna esperienza vera. Tornai a casa e riferii la cosa a Enzo Ferrari: "Uno così le piacerebbe, perché ricorda i piloti del passato", aggiunsi».

Nel frattempo, però, accadono cose importanti: «Vinciamo il Gp d'Olanda solo perché il sabato sera in roulotte riempo di urla il capo della Goodyear e mi faccio assegnare l'unico treno buono di gomme in circolazione. Lo minaccio, faccio il diavolo a quattro e alla fine "rubo" le gomme alla Lotus e Lauda vince la corsa battendo Laffite. Per il titolo è quasi fatta. Finita la festa, chiedo a Niki: "Ehi, è vero che vai alla Brabham? Dai, dimmelo". Lui risponde: "Mauro, no. Te lo giuro". Siccome Niki ha scritto tante cose su di me, ora ne dico una su di lui: insomma, il giorno dopo apprendo che Niki ha spergiurato. Aveva già firmato per Ecclestone nel weekend di Zandvoort. Ecco, Gilles in Ferrari nasce lì».

Con quale approccio? «Venne a Modena e si presentò spontaneo, innocente. A Enzo Ferrari piacque molto».

I primi giri di Gilles furono traumatici per Forghieri: «Frenava ovunque, impostava male le curve, mangiava i freni. Fece due gare e volò in Giappone, toccandosi con Peterson. Un incidente drammatico, con vittime tra il pubblico. Un inizio da brivido».

Poi venne l'inverno e Gilles fu messo sotto torchio: «A Fiorano imparò a guidare. Dopo le prove lui passava ore a leggere le striscioline di carta del nostro calcolatore, che riportava tramite 58 cellule i tempi intermedi ogni 15 metri e li confrontava col giro ideale del record della pista. Una sorta di telemetria embrionale. Divenne un pilota diverso, infinitamente più consapevole».

Gilles according to Forghieri

If you want to know the secrets of a great player, you have to speak to his life-long coach. Such was the engineer Mauro Forghieri for Gilles Villeneuve at Ferrari, from late '77 to the 8TH of May 1982, the day of the Zolder tragedy. "I first met Gilles at the British GP in '77, on the occasion of his mid-season F.1 debut", recalls Forghieri. "At Ferrari we were beginning to have problems with Lauda, who wanted more money because he had bought and aeroplane and had a new woman. The old one had left him, unfortunately so I say, because she was form an excellent family. Well, the fact remains that the kid I saw debut with the third McLaren raced really hard. I asked: 'So who's this half-pint?' They told me he was a kid from Canada. Snowmobiles, Can-Am, Formula Atlantic and that kind of stuff. A great feel for the car, but no real experience. I went home and reported back to Enzo Ferrari: 'You'd like a kid like this, because he reminds you of the drivers of the past', I added."

In the meantime, important things were happening: "We won the Dutch GP only because on the Saturday evening I yelled at the Goodyear chief in the motorhome and got assigned the only decent set of tyres going. I threatened him, I raised hell and in the end I "stole" the tyres from Lotus and Lauda won the race, beating Laffite. The title was almost in the bag. When the party was over, I asked Niki: 'Hey, is it true you're going to Brabham? Go on, tell me.' He replied, 'Mauro, no. I swear.' As Niki's written plenty of stuff about me, now I'll tell you something about him: in short, the next day I learnt that Niki had perjured himself. He'd already signed for Ecclestone over the Zandvort weekend. So, Gilles at Ferrari was born there and then."

With what approach? "He came to Modena and he was himself, spontaneous, innocent. Enzo Ferrari liked him very much."

Gilles' first laps were traumatic for Forghieri: "He was braking all over the place, setting up the corners all wrong, wearing out the discs. He did two races then crashed in Japan, colliding with Peterson. A dramatic accident, with victims among the watching crowd. A horrible start."

Then came the winter and Gilles had to put his nose to the grindstone: "He learnt to drive at Fiorano. After the test sessions he would spend hours reading the strips of paper from our calculator, which recorded via 58 cells, the intermediate times every 15 metres, and would compare the with the ideal times of the lap record. A kind of embryonic telemetry. He became a different driver, infinitely more aware."

L'ingegnere Mauro Forghieri a cuore aperto

Fu quello il modo di domare il purosangue Gilles e... «Nel '78 alla nostra seconda gara con i radiali Michelin, a Rio, Reutemann vinse. Eravamo sulla strada buona. Ma poi le minigonne della Lotus proiettarono alle stelle Andretti e ci fu poco da fare, anche se la nostra 312 T3 andava più che bene. Gilles in macchina ci metteva l'anima, ma era incapace di controllare se stesso in funzione Campionato. Lui voleva correre. Correva sempre a tutta. Gli dava piacere fisico farlo. Ovunque, comunque. Lo chiamavamo e lui arrivava da Montecarlo, ma non si fermava subito, no. Prima faceva tre testacoda. Ecco, era fatto così. Lo ricordo dopo le qualifiche di Anderstorp '78, quindi in Svezia. Eravamo in macchina io e lui. Per arrivare all'albergo dovevamo attraversare un bosco di betulle e lui inscenò una sorta di prova speciale di un rally: sempre in controsterzo a 180 km/h. Io avevo una fifa boia mentre lui sorrideva: "Non ti basta rischiare la pelle in pista?", gli urlai, ma lui continuava a sorridere: "Io sono così" – mi rispose –. Fino a che la piantò, perché minacciai di staccargli le chiavi dal quadro».

A fine '78 arriva la vittoria scacciacrisi in Canada: dopo tanto soffrire, Gilles riesce a cogliere la sua prima affermazione iridata, in una corsa che sembra monopolizzata dalla Lotus di Jarier, fino al ritiro che spalanca la via del trionfo casalingo al pilota della Ferrari.

E poi in chiave '79 ecco Scheckter: «Legarono subito, lui e Jody. E la T4 era una macchina al top. Allora presi da parte Gilles e gli dissi: "Con questa monoposto vinceremo. A un certo punto della stagione uno di voi due dovrà fare un passo indietro". "Se toccherà a me, no problem. Lo farò", mi rispose. Venne il giorno di Digione, con la lotta da leggenda con Arnoux. Io ai box avevo i sudori freddi: guardavo Gilles e pensavo: "Questo è matto". Giunse secondo e batté Arnoux. Di Jabouille vincitore non fregava più niente a nessuno, quelli della Renault erano incazzati come bestie. Gilles mi prese da parte e disse: "Mauro, io non potevo perdere questa sfida". Nessuno dimenticherà mai la lotta di Digione e, lo dico da ingegnere, ricordatevi che quel giorno, il 1° luglio 1979, la nostra Ferrari era inferiore alla Renault. Poi a Monza Gilles fu encomiabile, trasformandosi in gregario. E Jody gli giurò eterna amicizia. Vincemmo il titolo».

E siamo già al tribolatissimo 1980: «La T5 era una T4 alleggerita nelle parti sbagliate, quelle che riguardavano le minigonne, poi peggiorò in modo pauroso. Le nostre minigonne andavano bene solo nei circuiti lisci e a volte neanche lì. Ma Gilles sapeva che stavamo preparando il turbo per il 1981».

Già, il 1981. La stagione dei trionfi a Montecarlo e a Jarama: «Quando Gilles vinse a Monaco, la prima volta

Gilles according to Forghieri

That was the way to tame the thoroughbred Gilles and... "In '78, in our second race with the Michelin radials in Rio, Reutemann won. We were on the right path. Then, however, the Lotus side-skirts sent Andretti into orbit and that was that, even though our 312 T3 was going really well. At the wheel Gilles gave his all, but he was unable to pace himself in terms of the championship. He wanted to race. He was always racing. It gave a him a physical pleasure. Everywhere, always. You'd call him and he'd arrive from Monte Carlo, but he wouldn't just park, no. First he'd do three doughnuts. That's how he was. I remember after qualifying at Anderstorp in '78, in Sweden. We were in the car together. To reach the hotel we had to drive through a birch forest and of course he put on a kind of rally special stage: opposite lock all the way at 180 kph. I was scared stiff while he was smiling: 'Isn't ricking your neck on track enough?' I screamed, but he kept on smiling: 'This is me', he replied. To make him stop I had to threaten to wrench the key from the dashboard."

Late '78 saw the crisis-busting victory in Canada: after so much suffering, Gilles managed to record his first World Championship victory, in a race that appeared to be monopolised by Jarier's Lotus until his retirement opened the way for the Ferrari's driver's triumph in his home GP.

Staying in '79, Scheckter arrived: "They got on immediately, him and Jody. And the T4 was a car at the top of the game. I took Gilles to one side and told him: 'We're going to win with this car. At a certain point of the season one of you will have to take a step back.' 'If that's me, no problem. I'll do it', he said. Then came the day at Dijon and the legendary duel with Arnoux. I was a cold sweat in the pits: I was watching Gilles and thinking: 'He's crazy'. he finished second and beat Arnoux. Nobody could care less about the winner, Jabouille, and the guys at Renault were furious. It was Gilles' turn to take to one side and said: 'Mauro, I couldn't lose this challenge.' No one will ever forget the Dijon duel and, I say this as an engineer, remember that on that day the 1ST of July 1979, our Ferrari was inferior to the Renault. Then at Monza Gilles was faultless, transforming into a real team player. And Jody swore eternal friendship. We won the title."

And here we are in the extremely difficult 1980: "The T5 was a T4 lightened in the wrong places, those that concerned the side-skirts, then it got frighteningly worse. Our side-skirts only worked well on smooth circuits and at times not even on those. But Gilles knew we were preparing the turbo for 1981."

Right, 1981. The season of the triumphs at Monte Carlo and Jarama: "When Gilles won at Mote Carlo, the first time for the turbo in the Principality, our pits went wild

L'ingegnere Mauro Forghieri a cuore aperto

del turbo nel Principato, il nostro box andò in delirio e io dovetti incavolarmi per spegnere i bollenti spiriti. Se dirigi una squadra, devi calmarla nei momenti d'euforia e sgridarla quando le cose vanno male. Però devo ammettere che quella di Gilles a Montecarlo resta la vittoria più bella che ho ottenuto nella mia lunga carriera. E parlo non solo da responsabile delle competizioni per la Ferrari, ma anche da tecnico. Fu indimenticabile ricevere pochi minuti dopo i complimenti di Colin Chapman, boss della Lotus, e Ken Tyrrell, due convinti che un motore turbo non avrebbe mai potuto vincere a Monaco. Mi strinsero la mano e dissero semplicemente: "Cristo, Mauro, avevi ragione". Poi a Jarama, al successivo Gp di Spagna, Gilles dette una lezione alla Talbot-Ligier di Laffite. Avevamo trovato il modo di non avere ritardo nell'erogazione di potenza e il canadese fu impeccabile. Due ore sotto pressione, mai un errore, col trenino di avversari a incalzarlo fino alla fine, ma lui seppe resistere da campionissimo. Fantastico. E del Gp d'Olanda 1981, ne vogliamo parlare? Prima del via fui categorico: "Guarda, Gilles, che abbiamo componenti del motore da collaudare, non farmi mica una cavolata al via, chiaro?". "Tranquillo, Mauro". Partì spiritato come se non ci fosse un domani e dopo duecento metri era nelle reti. Tornò ai box a piedi, con traiettorie oblique, come un cagnolino impaurito: temeva la mia ira, avrei potuto sbranarlo. Ma io sapevo che lui era fatto così».

Il 1982 doveva essere l'anno buono: «Avevamo capito come sfruttare le minigonne, utilizzando il legno marino. Ma uno dei nostri fu talmente coglione da andarlo a spifferare in giro. Ecco perché ero contrario al fatto che i meccanici la sera parlassero coi colleghi della concorrenza... Comunque la 126 C2 con Gilles e Pironi non aveva rivali».

Il giorno maledetto del Gp di San Marino rivelò che la peggior divisione sarebbe esplosa "dentro" la Ferrari, tra piloti. «Gilles era un innocente, un puro. Anzi, è morto perché innocente. Non avrebbe mai potuto pensare che un amico potesse fregarlo. L'unica cosa grave, che mi rincresce tuttora di non aver fatto, è di non essere stato presente ai box a Imola, quella domenica del Gp di San Marino. Ma motivi famigliari mi vollero altrove. Quel giorno si rovina tutto, nasce il malessere, preludio ai drammi successivi. Fui presente alle prove e tutto andava bene. Me ne andai a casa rincuorato, ma poi in gara, non so perché, qualcuno decise di mettere fuori quel cartello con scritto "slow" quando era davanti Gilles. Era un ordine di scuderia ambiguo. E accadde il disastro. Ci fossi stato io ai box, avrei fatto esporre un cartello con su scritto bello chiaro "1° Villeneuve, 2° Pironi". Ma io non c'ero e accadde il contrario».

Gilles according to Forghieri

and I had to get angry to calm things down. When you run a team, you have to calm them down in the moments of euphoria and gee them up when things are going badly. However, I have to admit Gilles' win at Monte Carlo remains the greatest victory in my long career. And I'm not just talking about head of racing for Ferrari, but also as an engineer. It was unforgettable to receive a few minutes later the compliments of the Lotus boos Colin Chapman and Ken Tyrrell, who who were convinced that a turbo engine would never have won at Monaco. They shook my hand and said simply: 'Christ Mauro, you were right.' Then at Jarama, in the following Spanish GP, Gilles gave a lesson to Laffite in the Talbot. We had found a way of avoiding lag during power delivery and the Canadian was impeccable. Two hours under pressure, never an error, with the column of rivals behind him through to the finish, but he showed the stuff of a true champion to see them off. Fantastic. And what can we say about the Dutch GP in 1981? Before the start I was categorical: 'Look Gilles, we've got engine components to bed in, don't do anything stupid at the start, OK? 'Fine, Mauro.' Of course he started as if there were no tomorrow and after two hundred metres he was in the nets. He came back to the pits on foot, with his tail between his legs: he was afraid I was going to eat him alive. But I knew that was just how he was."

1982 was due to be his year: "We had worked out how to make the side-skirts work, using marine ply. But one of our team was stupid enough to go around telling everyone about it. This is why I'm against the mechanics talking to their colleagues on other teams of an evening... However, the 126 C2 with Gilles and Pironi had no rivals."

The cursed day of the San Marino GP revealed that the most difficult rivalry would explode within Ferrari, between the drivers. "Gilles was an innocent, pure. In fact, he died because he was an innocent. He could never have thought that a friend would have cheated him. The only serious thing, which I still regret not having done is that I wasn't in the pits at Imola, that Sunday of the San Marino GP. But family matters meant I was elsewhere. That day ruined everything and the malaise that was the prelude to the successive drama was born. I was therefore practice and things were going well. I went home encouraged, but then in the race, I don't know why, someone showed that sign with "Slow" written when Gilles was leading. It was an ambiguous team order. And then the disaster happened. If I had been in the pits, I'd have had a board hung out with clearly written '1ST Villeneuve, 2ND Pironi'. But I wasn't there and the opposite happened."

The rest is not part of the official accounts: "Three days later a private test session had been scheduled and Gilles, fuming

L'ingegnere Mauro Forghieri a cuore aperto

Il resto non fa parte delle cronache ufficiali: «Tre giorni dopo sono in programma test privati e Gilles, imbufalito e silenzioso, si presenta accompagnato dall'amico di sempre Jody Scheckter, tornato dal ritiro per aiutarlo a chiarire le cose con la Ferrari. Jody mi chiede: "Mauro, Gilles, vuole sapere se tu stai dalla sua parte". "Sì, Jody, rispondo deciso. Quello che è accaduto a Imola è una vergogna. Gilles ha ragione, io sono con lui, stanne certo"».
Ma il chiarimento con Enzo Ferrari non fu tale, perché pare che il Commendatore abbia detto a Gilles: «Mi stupisce che tu sia così arrabbiato. In fondo a Imola ha vinto una Ferrari». «Non so se fu quella la risposta – puntualizza Forghieri –, ma è verosimile. Logica».
Tutto è pronto per il drammatico finale di Zolder. In quel maledetto ultimo giro di prova, l'8 maggio 1982: «Il canadese uscì dal box con gomme usate – ricorda Forghieri –, Pironi gli si era appena issato davanti nei tempi. Perché la pista era improvvisamente migliorata, ma Gilles non aveva le coperture giuste. Io prima glielo avevo detto ben chiaro: "guarda che quando tu non hai più le condizioni per fare i tempi io ti chiamerò dentro". E così feci: vidi che Gilles aveva realizzato un crono molto buono, ma non al top, quindi gli esposi il cartello con su scritto "box". Fu l'ultima volta che lo vidi vivo. Poi il grande dispiacere della sua fine. Quell'incomprensione con Jochen Mass, incolpevole, che in quel momento stava procedendo lentamente. Da lì la toccata, il volo, lo schianto. Lui non è morto perché il cockpit ha ceduto, ma solo perché si strapparono gli attacchi delle cinture. Sì, la morte di Gilles fu una tragedia immane. Lì ho cominciato ad avere problemi in Ferrari, anche perché non potevo accettare quello che era successo. E a fine '84 detti le dimissioni e l'anno dopo uscii definitivamente dall'orbita del Cavallino Rampante».
Per finire, una domanda dolorosa ma necessaria. È possibile dire che Villeneuve e Forghieri uscirono dalla Ferrari in modi e momenti così drammaticamente diversi, ma ritenendo fondamentalmente di avere gli stessi nemici? «Un po' sì», chiude Forghieri.

Gilles according to Forghieri

and silent, turned up with his old friend Jody Scheckter who had emerged from his retirement to help him sort things out with Ferrari. Jody asked me: 'Mauro, Gilles wants to know if you're on his side.' 'Yes, Jody', I replied firmly. 'What happened at Imola was a disgrace. Gilles is right, I'm with him you can be sure."

However, things did not go so smoothly with Enzo Ferrari as apparently the Commendatore said to Gilles: "I'm surprised you're so angry. After all, a Ferrari won at Imola." "I don't know if that was the reply," says Forghieri, "but it's plausible. Logical."

Everything was in lace for the dramatic finale at Zolder. On that cursed final qualifying lap, on the 8TH of May 1982 "The Canadian left the pits with worn tyres", recalls Forghieri, "Pironi had just moved ahead of him in the standings. Because the track had suddenly improved, but Gilles didn't have the right tyres. I'd said to him clearly, 'look, when you're no longer in a condition to set a time, I'll call you back in.' Which is what I did: I saw Gilles had set a very good time, but not one to threaten the leaders so I showed the board with written "Box". It was the last time I saw him alive. Then the great anguish of his death. That misunderstanding with the blameless Jochen Mass, who at that moment was lapping slowly. The collision, the flight, the crash. He didn't die because the cockpit broke up, but just because the seatbelt anchors ripped out. Yes, the death of Gilles was an immense tragedy. It was then that I began to have problems at Ferrari, in part because I couldn't accept what had happened. I resigned at the end of '84 and definitively left the orbit of the Prancing Horse the following year."

To finish, a painful but unavoidable question. Can we say that Villeneuve and Forghieri left Ferrari in ways and at times so dramatically different, but fundamentally feeling that they had the same enemies? "In a way, yes", concludes Forghieri.

■ Il debutto in F.1 dell'allora sconosciuto pilota canadese è datato sabato 16 luglio 1977 nel Gp d'Inghilterra, la prima volta della Renault con il suo rivoluzionario turbo sei cilindri. Pochi mesi dopo, a fine settembre, i primi collaudi con la Ferrari per sostituire Niki Lauda.

■ The F.1 debut of the then unknown Canadian driver came on Saturday 16 July 1977 in a British Grand Prix that is also celebrated for Renault's debut in F.1 with its revolutionary turbocharged six-cylinder engine. A few months later, in late September, he began testing for Ferrari as the replacement for Niki Lauda.

TEXACO
Marlboro
40
GOODYEAR

Marlboro
GILLES VILLENEUVE
TEXACO
CHAMPION

MICHELIN
arexons

■ Il 1978 si apre, in Sudamerica, ancora con la T2 in attesa che venga pronta la T3, presentata in una fredda mattina invernale a Maranello. In Ferrari, dopo l'addio di Lauda, è rimasto Carlos Reutemann che, da logica, riceve i galloni di prima guida. L'argentino coglie vittorie e punti, lottando contro le Lotus di Andretti e Peterson per il titolo, mentre Gilles non brilla con i risultati che poi arriveranno solo a fine stagione.

■ The 1978 season opened in South America with the T2 while the team waited for the T3, presented one cold winter morning at Maranello. Carlos Reutemann had remained at Ferrari after Lauda's departure and logically was considered to be the number one driver. The Argentine collected victories and points, duelling with the Lotuses of Andretti and Peterson for the title, while Gilles struggled to obtain results that only arrived towards the end of the season.

MICHELIN MICHELIN
Agip
12
HEUER
Agip MICHELIN Agip

MICHELIN
Marlboro
Agip
12
HEUER
Agip MICHELIN Agip

■ Villeneuve a Montecarlo e Le Castellet, due gare senza gloria per il canadese, con un brutto incidente nel Principato sotto il tunnel e, in terra francese, il doppiaggio subito con la Ferrari condizionata in negativo dalle gomme Michelin. A fianco in alto, altro ritiro, a Brands Hatch, per la rottura del semiasse al 20° giro.

■ Villeneuve at Monte Carlo and Le Castellet, two dismal races for the Canadian, with a bad crash in the tunnel in the principality and lapped in France with a Ferrari crippled by its Michelin tyres. Top, there was another retirement at Brands Hatch with a broken driveshaft on lap 20.

MICHELIN
Agip
arexons
SKF
12

MICHELIN MICHELIN
Marlboro
FIAT
Agip
12
HEUER
Agip MICHELIN Agip

■ Nella fase centrale della sua prima stagione in rosso qualcuno cominciava a domandarsi se Enzo Ferrari avesse fatto un azzardo a prendere un pilota che, di fatto, nelle sue prime tredici gare per la Rossa aveva colto solo un quarto posto. Però c'era già chi amava il suo carattere combattente.

■ In the central phase of his first season with the Rosse there were those who began to ask whether Enzo Ferrari had done the right thing in taking a driver who in his first 13 races for Ferrari had gained only one 4TH place finish. However, there were already those who loved his combative nature.

MICHELIN
Labatt
Agip
12

MICHELIN

Dopo il terzo posto in Austria e il punto preso in Olanda, la gara della svolta per Villeneuve è Monza. La giornata è condizionata dal tragico incidente di Peterson poco dopo il via, con Gilles entrato al comando in prima variante, che costringerà a sospendere il Gp. Il canadese chiude secondo nella gara disputata nel tardo pomeriggio, retrocesso però al settimo posto per partenza anticipata, rendendo inutile il suo primo podio italiano.

After third place in Austria and the point earned in Holland, the turning point for Villeneuve came at Monza. The day was conditioned by the tragic accident just after the start which meant that the race had to be suspended after Gilles had taken the lead at the first chicane. The Canadian finished second in the race disputed later that afternoon, although he was then relegated to seventh for a false start, annulling his first Italian podium.

arexons
49°
AUTOGRILL
GRAN PREMIO D'ITALIA
CAMPIONATO MONDIALE CONDUTTORI
PATROCINIO
CARIPLO
Automobile Club Milano
Gulf

MICHELIN
12

Il suo primo anno pieno in Ferrari si chiude con la trasferta nordamericana. Al ritiro di Watkins Glen del primo ottobre fa seguito, solo sette giorni più tardi, la vittoria sul nuovo circuito dell'isola artificiale di Notre Dame a Montreal, impianto che dopo la scomparsa del canadese gli è stato intitolato. Al secondo posto si classifica il sudafricano Jody Scheckter su Wolf, che sarà compagno di squadra di Villeneuve nelle due stagioni seguenti.

His first year at Ferrari concluded with the North American races. A retirement at Watkins Glen on the 1st of October was followed, just seven days later, by victory on the new circuit on the artificial Notre Dame Island in Montreal, named after the Canadian after his death. In second place was the Wolf of the South African Jody Scheckter, who was to be Villeneuve's teammate for the following two seasons.

MICHELIN
MICHELIN
Marlboro
Agip
2
MAGNETI MARELLI
Agip
CHAMPION
brembo
arexons
SKF

Gilles come era: a cena coi suoi meccanici

Tutti da "Pasticcino", poi vediamo. Castelnuovo Rangone, a un tiro di schioppo da Maranello, una sera di primavera dell'anno 2007. Un modo come un altro per ricordare Gilles a 25 anni dal pomeriggio nero di Zolder 1982.

Un ristorante al posto del paddock, coltelli e forchette in luogo delle chiavi dinamometriche, l'extravergine a sostituire il Castrol.

Già, il ristorante che ha aperto il mitico ex cuoco Ferrari. Mancano solo le tute blu che circondavano Gilles nelle sue sei stagioni in Ferrari, ma il contenuto delle stesse è presente e autentico. E caldo. Anzi, bollente.

Per una sera i meccanici di Gilles tornano insieme, per parlare di lui. Solo per noi. Paolo Scaramelli, 66 anni, in F.1 dal '74 all'88 e poi ancora nel'92 e fino al 2000 nel test team. Pietro Corradini, 60 anni, in F.1 dal'70 all'88. Antonio Bellentani, 76 anni, in F.1 dal '63 all'85. Poi c'è lui, "Pasticcino", al secolo Luigi Montanini, 53 anni, cuoco Ferrari degli anni ruggenti.

L'antipasto, però, lo serve Scaramelli, il primo ferrarista in assoluto ad aver conosciuto Gilles. Di cui sarà il capomeccanico fino al giorno della morte. «Gilles arriva una sera di fine estate del 1977 a Maranello. C'ero solo io, perché di turno al reparto corse mentre la squadra era ad un Gp. Si ferma fino a tardi per fare il sedile, poi, il giorno dopo, gira a Fiorano con la 312 T2. Una mezz'ora e ai box siamo tutti sbalorditi: in venti giri ha fatto fuori un set completo di pastiglie. I freni sono già fuori uso, quando avrebbero dovuto durare senza problemi almeno per una corsa, se non più. È questo il suo biglietto da visita».

Tre giorni di test e poi dall'alto arriva il segnale: «Ok, il ragazzo correrà a Mosport, al Gp del Canada». Tempo due gare e il primo drammatico volo al Fuji, per un contatto con la Tyrrell di Peterson, con morti tra il pubblico. Continua Scaramelli: «Non era colpa sua, ma lui aveva capito quello che era successo. Tornò ai box sporco, depresso, distrutto». Chiosa Bellentani: «A chi gli diceva prima del via di considerare che le corse sono lunghe, lui rispondeva: "Ah sì? E io cosa devo fare, allora? Prendere gli avversari e, prego, farli accomodare?!"». Corradini non ha dubbi. «Altroché, a ogni gara il fondo corsa del suo acceleratore si spostava un po' più in là». Bellentani: «Bastava rimettere le mani sulla sua Ferrari dopo un Gp per capire che Gilles sfruttava la vettura in modo totale.

Gilles and his mechanics

Everyone to Pasticcino's and we'll see what happens. Castelnuovo Rangone, a stone's throw from Maranello, one spring evening in 2007. Just one way of remembering Gilles 25 years on from that bleak afternoon at Zolder in 1982.

A restaurant rather than the paddock, knives and forks in place of torque wrenches and olive oil instead of Castrol. The restaurant opened by the legendary former Ferrari cook. While those blue overalls that surrounded Gilles during his six seasons at Ferrari may be missing, their contents are all present and correct. It's hot. Boiling hot, in fact.

For this one evening Gilles' mechanics have come together to talk about him. Just for us. Paolo Scaramelli, 66, in F.1 from '74 to '88 and then again from '92 through to 2000 with the test team. Pietro Corradini, 60, in F.1 from '70 to '88. Antonio Bellentani, 76, in F.1 from '63 to '85. Then there is "Pasticcino" himself, Luigi Montanini, 53, the Ferrari cook in the those golden years.

The antipasto is, however, served by Scaramelli, the very first Ferrarista to have met Gilles and his chief mechanic through to the day of his death. "Gilles arrived at Maranello one late summer evening in 1977. There was only me there working in the racing department, with the rest of the team away at a GP. He stopped until late to get the seat done and then, the next day he lapped at Fiorano with the 312 T2. Half an hour later in the pits we all were left open-mouthed: in 20 laps he had worn out a complete set of brake pads. The brakes were ready to be changed when they should comfortably have lasted for at least a race or more. This was his calling card."

Three days of testing and then a communication from on high: "OK, the kid will race at Mosport, in the Canadian GP." Two races later and the first dramatic flight at Fuji after colliding with Peterson's Tyrrell, with deaths among the crowd. Scaramelli continues: "It wasn't his fault, but he knew what had happened. He came back to the pits dirty, depressed, a wreck." Bellantani joins in, "To those who before the start would tell him to consider that it was a long race he'd reply: 'Oh yes? So what should I do then? Step to one side and wave them through?'" Corradini has no doubts. "Anything but; at every race the limit stop of his accelerator was a little further down. Bellantani: "You just had to work on his Ferrari after a race to realise that Gilles would thoroughly wring his car's neck. We were accustomed to Lauda and Reutemann who respected the

Gilles come era: a cena coi suoi meccanici

A noi, abituati a Lauda e Reutemann che rispettavano la meccanica, lui dava più lavoro, ma ci aveva anche risvegliato l'entusiasmo in modo totale».

«Fu un'epoca meravigliosa, con l'apice nel 1979, puntualizza Scaramelli. Quell'anno il motore della T4 si rompeva solo se lo facevi cadere dal camion e Gilles fu fantastico».

Il Gp d'Olanda a Zandvoort è un punto di svolta. L'Aviatore parte con una monoposto, ma torna ai box in sidecar. Insomma, a tre ruote. Il mondo, meravigliato, guarda e s'emoziona.

Ai box, intanto, accade qualcosa di diverso. Ricorda Bellentani: «Il giro di rientro percorso al ralenty aveva fatto a pezzi il retrotreno della numero 27. Gilles quando rientra ai box ha gli occhi spiritati e mi urla: "Cambia la ruota! Cambiala!". Io ribatto: "Guarda che manca il mozzo", e la sua espressione si fa sbalordita e un po' triste». Il suo Mondiale è perso.

Ma Corradini ha fretta di arrivare al caso Monza: «Al Gp d'Italia 1979 fa tirare il collo alla Renault di Arnoux e alla Ligier di Laffite, poi scorta Scheckter verso il titolo. Immenso». «No, di più, fa Bellentani. A Imola, la settimana dopo, si corre un Gp non valido per il Mondiale. Lo prendo da parte e gli dico: "Grazie a nome di Scheckter per quello che hai fatto". E lui: "Guarda che a Monza Jody andava più di me". Capito? Non voleva neanche i meriti del suo capolavoro da gregario. Un vero signore».

«Peccato che il 1980 sfumò per via che la T5 non andava, butta là Scaramelli. Però Gilles a differenza di Scheckter dava tutto lo stesso», puntualizza Bellentani. L'81 con la 126 turbo è tutto nelle fantastiche vittorie di Montecarlo e Jarama, ma Corradini va oltre: «Quando nei primi giri del Gp di Gran Bretagna Gilles provocò un patatrac, i miei occhi per un attimo si fermarono sulle gomme posteriori: fumavano. La Ferrari turbo se ne stava andando per la tangente verso le barriere e lui teneva ancora giù il piede!».

Ma la più bella Corradini, non Gilles, la combinò in Canada, sempre nel 1981: «Un'altra corsa da leggenda. Gilles corre sotto l'acqua con l'ala anteriore piegata all'insù, che gli impedisce la visibilità, ma per lui fa lo stesso, anzi, è lanciato verso il podio. Mi assale il terrore: ho paura che Forghieri lo fermi, lo faccia rientrare per cambiargli il musetto. Perché io ero meccanico di Pironi, sì, però tifavo Gilles. Allora, anche se è da pazzi, prendo il cartello di rientro con su scritto "box" e lo nascondo. A questo punto Forghieri può dire quel che vuole: il segnale, l'ordine di resa a Gilles non glielo potrà mostrare più nessuno». Poco dopo Villeneuve è sul podio, terzo.

Gilles and his mechanics

machinery; he gave us more work, but also completely re-awakened our enthusiasm."

"It was a wonderful era, peaking in 1979", explains Scaramelli. "That year the T4 engine would only break if you dropped it off the back of the truck and Gilles was fantastic."

The Dutch GP at Zandvoort was a turning point. The Aviator started with a racing single-seater, but came back to the pits with a sidecar. A three-wheeler. The whole world watched, awe-struck.

In the pits, in the meantime, something different was going on. As Bellentani recalls, "That slow-motion lap back to the pits had wrecked the rear end of Number 27. Gilles' eyes were popping when he came in screaming: 'Change the wheel! Change it!' I had to tell him,, 'Look, the hub's missing', and his expression was one of stunned sadness." His World Championship was lost.

But Corradini is in a hurry to reach the Monza case: "At the 1979 Italian GP he broke the backs of Arnoux's Renault and Laffite's Ligier and then escorted Scheckter towards the title. Immense." "No, more", says Bellentani, "There was a non-championship race at Imola a week later. I took him to one side and said to him: 'On behalf of Scheckter, thanks for what you did.' And he said, 'Look, at Monza Jody was faster than me.' Do you see? He didn't even want to take credit for his masterpiece of team-play. A true gentleman."

"It's a shame that 1980 was lost because the T5 didn't work", interjects Scaramelli. "But Gilles, in contrast with Scheckter, gave it everything all the same", points out Bellentani. 1981, with the 126 turbo, is encapsulated in the fantastic victories at Monte Carlo and Jarama, but Corradini goes further, "When Gilles provoked mayhem in the early laps of the British GP, for a moment I caught a glimpse of his rear tyres: they were smoking. The Ferrari turbo was heading off at a tangent towards the Armco and he kept his foot down!"

But the best came from Corradini, not Gilles, in Canada, again in 1981: "Another legendary race. Gilles was charging in the wet with his front wing bent upwards and compromising his visibility, but for him it made no difference, he was on his way to the podium. I was terrified that Forghieri was going to stop him, to call him in to change the nose. I was Pironi's mechanic, that's true, but I was a fan of Gilles. So what I did, crazy as it might seem, was to grab the board with "Box" written on it and hide it. At that point Forghieri could say what he wanted: the signal, the order for Gilles to surrender, couldn't be shown by anyone." Shortly afterwards, Villeneuve was on the podium, third.

And so we come to that cursed 1982. At Imola, the race with that unexpected duel, the crisis with Pironi. The subject appears to be taboo. But at a certain point Corradini says his

Gilles come era: a cena coi suoi meccanici

E siamo al maledetto 1982. A Imola, la corsa della lotta imprevista, della rottura con Pironi. L'argomento pare tabù. Ma a un certo punto Corradini dice la sua: «Dovevo portare a Villeneuve e Pironi l'acqua, a fine corsa, per farli bere. Incrociai per primo Gilles che mi fulminò con lo sguardo. Si girò verso Pironi e disse solo una cosa: "... Quell'uomo di merda..."».

«In genere Gilles – dice Scaramelli – era uno che non si lamentava mai delle scorrettezze subite». È solo il drammatico prologo a Zolder e le voci si accavallano: «In Belgio, nelle pause, per tutte le prove, restò in macchina, chiuso in sé stesso». «Qualcuno gli fece vedere una strisciata dei tempi: Gilles era quinto, Didier sesto». «Poi il francese lo scavalcò». «Allora Gilles chiese di tornare in pista con le gomme dei due lati invertite, per sfruttare ancora un treno già usato e sparì dal box». Fu per sempre.

Bellentani ragiona: «Mass fu corretto, lo vide dai retrovisori e si spostò. Non si capirono. Se Mass non si fosse accorto, se avesse sbagliato, sarebbe rimasto a centro strada e l'incidente mica capitava. Il destino».

Tocca a "Pasticcino" stemperare l'atmosfera: «Lui amava la cioccolata. Ne mangiava a quintali. E parlava l'italiano, ma solo con noi».

«Veniva dalla gavetta», sussurra Bellentani.

«Era uno di noi», aggiunge Corradini.

La chiusa spetta a Scaramelli, che non si fa pregare: «Una volta, durante una burrascosa riunione, un irriducibile avversario di Gilles chiese a Enzo Ferrari: "Ma come si fa a tenere uno così?!". Il Commendatore rispose secco: "A me am piès acsé"».

A lui – come a noi tutti –, Gilles piaceva così.

Gilles and his mechanics

piece: "I had to take water to Villeneuve and Pironi after the race for them to drink. I found Gilles first and his gaze was electrifying. He turned towards Pironi and said just one thing: 'That shit…'"

"In general," says Scaramelli, "Gilles was someone who never complained about the foul play to which he was subjected." This was just the dramatic prologue to Zolder and the voices begin to overlap: "In Belgium, during the breaks, throughout practice, he stayed in the car, locked into himself." "Someone showed him a timing strip: Gilles was fifth, Didier sixth." "Then the Frenchman overtook him."

"So Gilles asked to back out with the tyres on either side crossed over, so as to reuse an already worn set, and then he disappeared from the pits." It was to be forever.

Bellantani tries to explain: "Mass was in the right, he saw him in his mirrors and moved. There was a misunderstanding. If Mass hadn't seen him, if he had made a mistake, he would have remained in the centre of track and the accident would never have happened. Destiny."

It was up to Pasticcino to lighten the atmosphere: "He loved chocolate. He'd eat tons of the stuff. And he spoke Italian, but only with us."

"He'd paid his dues", whispers Bellentani.

"He was one of us", adds Corradini.

Closure comes from Scaramelli: "Once, during a stormy meeting, an inflexible adversary of Gilles asked Enzo Ferrari: 'How can you stand some one like that?' The Commendatore replied drily, 'A me am piès acsé'."

Ferrari, like all of us, liked Gilles just the way he was.

MICHELIN
Marlboro
Agip
Agip
MICHELIN
Agip

A metà degli anni Settanta s'intensificano le prove libere, sia prima che durante la stagione, e la stessa associazione dei Costruttori, la FOCA, organizza alcune sessioni collettive che ottengono una grande partecipazione. In queste due immagini, Villeneuve è ritratto, a sinistra, in corsia box al Castellet, in Francia, sulla Ferrari 312 T3. Sopra, in Sudafrica a Kyalami al volante della 312 T2, monoposto che poi non sarà utilizzata per far debuttare la nuova T3, provata da Reutemann sullo sfondo.

In the mid-Seventies, free test sessions both before and during the season intensified and the constructors' association FOCAS, organized a number of group tests that saw widespread participation. In these two photos Villeneuve is portrayed, left, in the pit lane at Le Castellet in France in the Ferrari 312 T3 and, above, at Kyalami in South at the wheel of the 312 T2, a car that was subsequently not used in order to give the new T3, tested by Reutemann in the background, its debut.

Oltre a Fiorano, e sporadicamente Imola e Vallelunga, la Ferrari utilizzava spesso la pista di Monza, sede del Gp d'Italia, quale circuito per le proprie prove. In queste immagini il canadese è ripreso nella corsia box brianzola impegnato in lunghe giornate di prove, spesso solitarie o, come nel caso della pagina a fianco, insieme al compagno Scheckter e sotto la direzione degli ingegneri Forghieri e Tomaini.

As well as at Fiorano and sporadically Imola and Vallelunga, Ferrari frequently used the Moanza track, the home of the Italian Grand Prix, as a testing circuit. In these photos the Canadian is show in the pit lane of the Brianza circuit, engaged in long testing days, frequently on his own or, as in the case of the facing page, together with his teammate Scheckter and under the direction of the engineers Forghieri and Tomaini.

TRIBUNA ESSO
CHAMPION
GIACO
SM
Agip

Agip
12
12
HEUER
Agip
MICHELIN
Agip

MICHELIN
BROOKLYN
BROOKLYN
JODY
MICHELIN

MICHELIN
MICHELIN
MICHELIN
FIAT
Agip
Agip

Agip
MICHELIN
Agip
Agip
LONGINES
2

Agip

■ Il valore del pilota Villeneuve si esprimeva soprattutto in gara dove il suo stile di guida era unico. Ma non di meno era importante il suo ruolo di collaudatore come testimoniato dalla famosa frase di Enzo Ferrari: «Con la capacità "distruttiva" che aveva nel pilotare le macchine macinando semiassi, cambi di velocità, frizioni, freni, ci insegnava cosa bisognava fare perché un pilota potesse difendersi in un momento imprevedibile, in uno stato di necessità».

■ Villeneuve's talent as a driver was expressed above all in races where his driving style was unique. However, his role as a tester was no less important, as testified by the famous words of Enzo Ferrari: "With the 'destructive' capacity he had in driving cars while consuming driveshafts, gearboxes, clutches and brakes, he taught us what we needed to do to allow a driver to defend himself from the unexpected, in a state of necessity."

La leggenda di Digione 1979

Venne domenica 1° luglio 1979 e cambiò per sempre la F.1, un certo modo d'intendere le corse e forse cambiammo un po' anche tutti noi. Digione, Gp di Francia, 80 giri per 3,8 km. La Renault turbo di Jean Pierre Jabouille in pole position, seguita dal compagno di squadra Arnoux, quindi la Ferrari di Gilles Villeneuve.

Pronti via e Gilles se ne va. Primo, in fuga. Ma Jabouille non s'arrende. Lo insegue, stringe l'elastico, gioca al gatto e al topo e al 47° giro lo passa e s'invola. Guida sereno, concentrato. E pennella le curve con un volante che sembra una Olivetti lettera 22 mentre scrive un pezzo di cronaca, il 36enne galletto, battendo in carta carbone una pagina di storia. Il primo successo di una monoposto dotata di motore turbocompresso dopo due anni di purgatorio tecnico e agonistico.

La F.1 in una pigra domenica d'estate sembra improvvisamente divenuta tutta francese, con un pilota transalpino a spasso verso la leggenda, al comando, a 300 chilometri da Parigi.

Neppure Jean Graton, creatore di Michel Vaillant, il pilota di carta e fumetti più veloce del mondo, potrebbe immaginare scenario più letterariamente cinematografico, una grandeur così stile impero e cinecomix, in una delle prime stagioni in cui il Circus iridato va in mondovisione.

E invece no. A sei giri dalla fine, quando la corsa, fin lì francamente noiosetta, è pronta a trasformarsi in una data per chi ama i giorni di svolta tecnica, avviene la diversione narrativa: questa storia tocca il punto di rottura.

Come se la realtà sprofondasse in un buco spazio-temporale, un bug cosmico, una dimensione fantascientificamente parallela, le telecamere della regia francese abbandonano la Renault di Jabouille, la dimenticano vaporizzandola e staccano su una macchia semovente rossa e gialla. Una Ferrari e un'altra Renault. Gilles Villeneuve, con René Arnoux attaccato agli scarichi.

Sette minuti circa alla fine. In fondo non si stanno giocando niente, quei due. Un secondo posto piuttosto che un terzo. Due punti più, due in meno, cosa vuoi che sia. A nove giri dalla fine René ha fatto segnare il giro più veloce a 197,802 chilometri orari di media, Gilles va assai più piano. Chiaro, non ha scampo. È un uomo con la pistola al quale sta venendo incontro uno col fucile. Un pilota col motore aspirato nel mirino di uno col turbo. Al cuore, René. Se vuoi uccidere l'orgoglio di un pilota come Gilles, è al cuore che devi colpirlo. Ma prega Dio di finirlo subito, sennò presto sentirai denti e rabbia della belva ferita.

Scia piena sul rettilineo piatto, secca sterzata d'uscita, e, quando la piega destrorsa là in fondo è ancora cieca, frenatona coraggiosa e beffarda. La fucilata è piazzata. Il canadese

That day in Dijon in a season to remember

And Sunday the 1st of July 1979 arrived, changing F.1 and a certain attitude to racing forever and perhaps we all changed a little too. Dijon, the French GP, 80 laps of 3.8 kilometres. Jean-Pierre Jabouille was on pole with the Renault turbo, followed by his teammate Arnoux and the Ferrari of Gilles Villeneuve.

Ready, steady go and Gilles is away. First place and flying. But Jabouille does not give up. He follows, draws Gilles in, plays cat and mouse and on the 47th lap passes and begins to stretch his legs. Calm, concentrated driving. Tracing the curves with a steering wheel that seems to be an Olivetti Lettera 22 as he writes a report, the 37-year old Frenchman, typing in carbon copy a page of history. The first victory for a car equipped with a turbocharged engine after two years of technical and sporting purgatory.

That lazy summer afternoon F.1 suddenly seemed to have become a French preserve, with a French driver heading towards legendary status in a French car 300 kilometres from Paris.

Not even Jean Graton, the creator of Michel Vaillant, the world's fastest comic book driver, could have imagined a more literary and cinematographic scenario; such imperious, cinematic grandeur in one of the first seasons in which the Grand Prix Circus was broadcast globally.

Instead things did not pan out quite as expected. Six laps from the finish, when what had frankly been a rather boring race was about to become a statistic for fans of technical turning points, there came a narrative twist and the story shattered.

As if reality had plunged through a rent in the space-time continuum via a cosmic bug to a science-fictionesque parallel dimension, the television cameras suddenly abandoned Jabouille's Renault to focus on a speeding red and yellow blur. A Ferrari and another Renault. Gilles Villeneuve, with René Arnoux glued to his exhausts.

Around seven minutes from the end of the race. All things considered, they weren't even racing for anything, those two. Second place rather than third. Two points more, two less, what difference would it make. Nine laps from the end, René had recorded the fastest lap at an average speed of 197.802 kph while Gilles was significantly slower. Clearly, he hadn't a prayer. A man with a pistol up against another with a rifle. A driver with a naturally aspirated engine in the sights of one with a turbo.

The heart, René. If you want to extinguish the pride of a driver like Gilles, you have to hit the heart. But you'd better make it a clean kill or you'll soon be feeling the teeth and fury of a wounded beast. Slipstreaming on the flat straight, a sharp swerve and with the right-hand end bend at the end still blind, hard on the brakes, courageous and bold. The shot had been fired. The Canadian was left on

La leggenda di Digione 1979

infilato resta all'esterno, fa tre quarti di curva inventandosi un binario inesistente al fianco di quella fottuta locomotiva giallo-itterico che non l'ha solo sorpassato, no, molto peggio, l'ha umiliato. Nebbia rossa negli occhi, voglia di vivere. Furia dionisiaca. No, non può, non deve finire così.

Arnoux guarda lo specchietto: Villeneuve è lì attaccato. Ferito ma vivo. Un occhio all'altro specchio, il canadese è lì pure. Ora lo sa, il 31enne francese di Grenoble: l'Aviatore non lo mollerà mai. Mai più.

Non c'è più un secondo posto in palio, è scattato qualcosa di magico e crudele nell'anima, quella corsa ormai al tramonto si trasfigura, diventa una faccenda del tutto diversa, una lotta crudele tra due che con la scusa di fare i piloti sanno essere uomini.

Un ex meccanico e un mezzo matto che viveva in roulotte, due che firmano autografi a Montecarlo ma non hanno scordato la fame. Due che per una vita intera, giovane di anni e vecchia di minuti intensi, mentre si giocavano la pelle per niente e quasi senza speranza, si sono sempre istintivamente sussurrati "non t'arrendere".

Cos'è questa, se non la poesia cattiva del gioco, quando si tinge d'infinito? L'entrata nel cerchio magico, nella dimensione sospesa che rapisce dalla realtà di tutti i giorni, imponendo regole e trame sue, rivoluzionando tutto ciò che è conosciuto, pianificato, burocraticamente ovvio, e spiegando mica tanto metaforicamente che non ha senso aver paura che la vita finisca, ma solo temere che la vita, la tua vita, quella che sogni, quella che vuoi, non cominci mai.

Okay, allora. Parte da un altrove inesistente un'impercettibile ma struggente tromba solista, come nei film di Sergio Leone. Un suono mariachi che annuncia snodi narrativi che saranno allo stesso tempo imprevedibili ma definitivi.

Sono due, in pista, ma ciascuno di loro sa d'essere buono, brutto e cattivo. E come nelle arene circolari e aride di Sergio Leone, tocca ai primi piani degli occhi dire tutto. Continua il tema René Arnoux: «Mi riaffancò nella stessa frenata in cui l'avevo passato, Gilles, stavolta lui interno e io esterno. Fu un attimo interminabile. Di lui vedevo solo gli occhi, i miei nei suoi. Lui guardò me, io lui. Capimmo che eravamo solo all'inizio e che non sarebbe finita presto».

In diretta Rai, Mario Poltronieri, solitamente placido, razionale e compassato, cambia timbro di voce, incrina le corde vocali, trasforma il suo stile inconfondibilmente britannico in una lunga didascalia fonica meravigliata. Racconta Mario: «Avevo sempre invidiato al collega Nando Martellini la sua telecronaca dei supplementari all'Azteca, ai mondiali di calcio 1970 tra Germania e Italia, partita finita 4 a 3 per noi. Quel pomeriggio a Digione smisi di invidiarlo, perché al microfono avevo provato, penso, le stesse indimenticabili emozioni».

Al muretto Ferrari il gran capo Mauro Forghieri fa di peggio e di più: «sulle prime mi interessa vedere il comportamento del-

That day in Dijon in a season to remember

the outside, clinging on for three-quarters of the corner, inventing non-existent rails alongside that garish yellow locomotive that not only had passed him, no, much worse, had humiliated him. A red mist descends, the will to live. A blind fury. No, it cannot, it must not finish like this.

Arnoux glances in his mirror: Villeneuve is right there. Wounded but breathing. A glance in the other mirror, the Canadian's there too. The 31-year-old Frenchman from Grenoble now knows: the Aviator's never giving up. Never.

No longer was it just about second place, something magical and cruel had been triggered and that race, by then winding down, was transformed into something very different, a ruthless struggle between two figures who with the excuse of being racing drivers showed they were men.

An ex-mechanic and a half-crazy caravan-dweller, two who signed autographs in Monte Carlo but hadn't forgotten what it was like to be hungry. Two who for an entire lifetime, young in years and old in intense minutes, while they risked their necks for nothing and almost without hope, had always and instinctively whispered "no surrender".

What is this, if not the cruel poetry of the game, when it is tinged with the infinite? Joining the magic circle, the suspended dimension that removes us from everyday reality, imposing its own rules and plots, revolutionizing everything that is known, planned, bureaucratically obvious, and explaining in hardly metaphorical terms that there's no point in worrying that life's about to end, but only that life, your life, the one you dream of, the one you want, is never going to start.

Well then... Coming from an inexistent elsewhere is an imperceptible but heart rending trumpet solo, like in a film by Sergio Leone. A mariachi sound announcing twists and turns in a plot both unpredictable and definitive.

Two of them on track, both knowing they are good, bad and ugly. And as in the dusty arenas of Sergio Leone, the close-ups of the eyes say everything. René Arnoux himself takes up the story: "Gilles came alongside at the same braking point where I had got past, this time he was on the inside and I was outside. It was an interminable moment. All I could see of him were his eyes, mine in his. He looked at me, I looked at him. We realised this was just the start and it wasn't ending anytime soon."

Commentating live for RAI television, the tone of Mario Poltronieri's voice, usually so calm, rational and composed, changed as his vocal chords cracked, transforming his unmistakably British style into a long, dumbfounded, sonic caption. As Mario tells it, "I'd always envied my colleague Nando Martellini for his commentary of extra-time between Germany and Italy at the Aztec stadium in the 1970 World Cup which finished 4-3 to us. That afternoon in Dijon I could stop envying him, because at the microphone I had, I think, experienced the same unforgettable emotions."

In the Ferrari pits the team chief Mauro Forghieri was even

La leggenda di Digione 1979

la Renault turbo contrapposta alla Ferrari aspirata. Un duello prima a distanza e poi ravvicinato, che in tutto dura nove giri. Ma dopo pochi passaggi mi sento trasformare, capisco che sto vedendo qualcosa che di tecnico ha e avrà ben poco. Per la prima volta nella mia vita smetto d'essere ingegnere e vivo ciò che vedo da puro tifoso, tipo un ginecologo quando s'innamora. Dico ai ragazzi basta cartelli e segnalazioni al muretto, non possiamo fare più niente, ora. Quello che vedremo non ha nulla a che fare con la meccanica, la tecnologia e forse anche con la fisica. È solo umanità. E io, per tutti quei minuti, fino alla bandiera a scacchi, alternerò urla a silenzio, l'esultanza all'attesa».

«Ci saremo toccati sei volte, ricorda Arnoux. Ma sapevamo di poterci fidare l'uno dell'altro. Gli ultimi due giri furono incandescenti. La trama è semplice: uno dei due sorpassa e l'altro lo ripassa prima possibile. È vero, quel giorno la mia Renault era più competitiva della Ferrari, ma negli ultimi giri avevo problemi di pescaggio della benzina, per cui, a conti fatti il guaio agiva da "balance of performance", come si direbbe oggi. Eravamo più o meno pari, sul più bello».

Bandiera a scacchi. Per 24 centesimi Gilles Villeneuve precede René Arnoux. Transitano sulla finish line più o meno come una macchina con la roulotte attaccata, ma a oltre 250 all'ora. Quindici secondi prima è passato Jean Pierre Jabouille ma, inquietante dirlo, nessuno ci ha fatto caso. Sembrava un doppiato.

Tutti gli occhi puntavano all'ultima curva, perché l'unico vero enigma era nascosto là, all'uscita di quella piega. Poi una consapevolezza ulteriore: ha davvero senso stare a pensare chi dei due è arrivato davanti all'altro? Se non esiste un vincitore, se chi ha vinto la gara, ossia Jabouille, non è una pagina ma un incidente della storia, che motivo c'è di spalmare su Arnoux e Villeneuve la vernice brillante del perdente e quella opaca dello sconfitto?

La verità commovente e spiazzante è che ancora oggi, sul piano della memoria emotiva, pochi ricordano che il Gp di Francia 1979 fu vinto da Jean-Pierre Jabouille, non tutti rammentano che alla fine Villeneuve batté Arnoux, ma i race fans di allora – e negli anni quelli che si sarebbero aggiunti a farsi pungere dalla nostalgia strana che si prova per qualcosa che non si è neppure vissuto –, sanno benissimo che il finale di quella folle favola vera non è nella bandiera a scacchi, ma pochi secondi prima. Nella loro, nella nostra voglia di perpetuare quelle sensazioni, nell'istinto di sperare che quei momenti di lotta non finissero mai. Mai più.

Perché ci facevano star bene, sentire orgogliosi, intontiti d'endorfine autoprodotte e eterodirette, ma ci stavano anche insegnando che nelle corse e nella vita non è affatto importante chi vince e se vinci, ma solo come corri.

L'essenza dell'impresa di Villeneuve e Arnoux, il messaggio cifrato di quelle immagini un po' sgranate, che fanno parte dell'album di

That day in Dijon in a season to remember

less inhibited: "At first I was interested in seeing how the turbocharged Renault performed against the naturally aspirated Ferrari. Initially a long-distance duel and then much, much closer, which lasted in all nine laps. But after a just a few I felt myself transform as I realised that what I was watching had and was to have little of technical importance. For the first time in my life I stopped being an engineer and watched as fan, something akin to a gynaecologist falling in love. I told the boys to forget the boards and instructions from the pits, there was nothing more we could do. What we saw had nothing mechanical or technological about it, perhaps nothing even do to with physics. It was pure humanity. For those few minutes, through to the chequered flag I alternated screams with silence, exultation with expectation."

"We touched six times", recalls Arnoux. "But we knew we could trust one another. The last two laps were incandescent. The plot was simple: one of the two overtook and the other overtook again as soon as possible. It's true, That day my Renault was more competitive than the Ferrari, but over the last few laps I'd had fuel surge problems which acted as a 'balance of performance' as you would say today. We were more or less equal in the end."

The chequered flag. Gilles Villeneuve was ahead of René Arnoux by 24 hundredths. They crossed the finishing line more or less like car with a caravan attached, albeit one travelling at over 250 kph. 15 seconds earlier Jean-Pierre Jabouille had crossed that line, but strangely enough no one really noticed. He might as well have been lapped.

All eyes were on the last corner, because the only true enigma was hidden there, at the exit to that bend. There was also another question: did it really matter which of the two finished ahead of the other? If there was no winner, if the winner of the race, Jabouille, rather than a page was but a footnote in history, why should Arnoux and Villeneuve be seen as either winner or loser?

The touching and surprising truth is that still today, in terms of emotive memory, few remember that the 1979 French Grand Prix was won by Jean-Pierre Jabouille, not everyone remembers that Villeneuve beat Arnoux, but the race fans of the time – and those that were to join them, stung by that strange nostalgia we feel for something we never saw – know very well that the finale to that true-life fable came not with the chequered flag but a few seconds earlier. With their, with our desire to perpetuate those sensations, with the instinctive hope that those moments of struggle will never end. Never.

Because they make us feel good and proud, woozy with self-produced and media dependant endorphins, but they were also teaching us that in racing and in life who wins and who loses really isn't important, it's all about how you compete.

The essence of Villeneuve and Arnoux's exploit, the coded message in those grainy images that are part of the family album of all racing

La leggenda di Digione 1979

famiglia di tutti i Cuori da Corsa, è tutta qui. L'essudato esistenziale, l'estratto nobile delle competizioni non è la vittoria, ma la lotta. Chiunque, nel finale, potrà recitare la parte del buono a patto che il cattivo fino all'ultimo sia disposto a fare la sua parte, in una trama in cui nessuno è buono e cattivo fino in fondo.

Ecco perché quei minuti conclusivi, con gli spettatori tutti in piedi, due macchine al comando – ma solo delle nostre viscere –, Poltronieri col cuore in gola e Forghieri ai box che balla il twist, non sono una gara, ma un simbolo. Una lezione di poesia agonistica e allo stesso tempo esistenziale.

Parlare con Mauro Forghieri del pomeriggio del 1° 1979 a Digione, è come salire a bordo della pazza De Lorean di "Ritorno al Futuro". Si parte a razzo e il passato rivive e gorgoglia: «Credimi – si confida l'ingegnere –, Gilles vs René è il più bello spettacolo che ho mai visto in tutti i secoli della mia carriera. Avevo delle responsabilità, un ruolo, delle prerogative ben precise, eppure io in quei minuti mi sono divertito come un pazzo. La sera festeggiammo tutti insieme e in pochi minuti ci rendemmo conto che stranamente eravamo molto più felici noi di quelli della Renault, col vincitore Jabouille che per i trent'anni successivi avrebbe maledetto la sorte d'aver vinto un Gp così importante, in un giorno in cui la leggenda avrebbe rapito per sempre, guarda te la vita, solo il primo e il secondo degli sconfitti. Ma il bello venne dopo. Tornammo subito a Maranello e trovammo ad accoglierci un Enzo Ferrari scatenato, alle stelle. Non l'ho mai visto così contento per un secondo posto, lui che a volte non si consolava neppure con una vittoria. Il commento del Commendatore fu secco ma molto caldo: "Dmànga in Francia l'è steda scréta 'na pagina 'ed storia, ma l'è la nostra storia"».

Villeneuve e Arnoux uscirono da quella battaglia come unti dall'olio di una mitizzazione omerica.

Tre anni dopo il canadese morì a Zolder con davanti agli occhi, forse, l'ultima consapevolezza di lasciare la scena esattamente nel modo in cui l'aveva sempre calcata. Con la coerenza struggente di chi mette in conto di morire facendo ciò che ama, piuttosto che accettare la routine dei grigi mortali da vivi, noi tutti. Quelli che troppo spesso accettano di vivere facendo ciò che odiano.

René Arnoux, all'inizio dell'anno dopo, il 1983, lasciò la Renault e divenne pilota Ferrari.

È Mauro Forghieri a bordo della De Lorean, a riprendere la parola. Ha qualcosa da dire, la chiusa la vuole fare lui e la esegue a voce incrinata, con la tonalità giusta che prende alla gola tutti coloro che quel 1° luglio 1979 lo portano tatuato sotto la pelle: «Il Commendatore, in fondo, scelse René perché nel sangue gli correvano ancora le emozioni di quel duello. Prendendo Arnoux e vestendolo di Rosso, Enzo Ferrari credo abbia provato una tra le più romantiche delle sue gioie terribili: quella di tenersi accanto a sé, ancora per un po', tutto ciò che restava di quel pomeriggio indimenticabile».

That day in Dijon in a season to remember

fans, lies here. The existential exudate, the noble extract of competition is not victory, but struggle.

In the end, anyone can play the part of the good guy, as long as the bad guy is prepared to play his part, in a plot in which no one is completely good or bad.

And this is why those last few minutes, with the spectators all on their feet, two cars in the lead - but only in our guts - armchair fins with heir hearts in their mouths and Forghieri dancing the twist in the pits, are not a race but a symbol. A lesson in competitive and yet existential poetry.

Talking with Mauro Forghieri about the afternoon of the 1ST of July 1979 at Dijon is like climbing aboard the crazy De Lorean in "Back to the Future".

He sets off like a rocket and the past relives and gurgles: "Believe me", confides the engineer, "Gilles versus René was the greatest spectacle I've ever seen in all the centuries of my career." I had responsibilities, a role, well-defined prerogatives, and yet for those minutes I just went mad having fun. That evening we celebrated all together and within a few minutes we realised that strangely we were much happier than the people at Renault with the winner Jabouille who for the next 30 years was to suffer the cruel destiny of having won such an important Grand Prix on a day in which legendary status was be stolen away by the first and second of the losers. But the best was still to come. We went straight back to Maranello to be met by an ecstatic Enzo Ferrari who was over the moon with joy. I've never seen him so happy with a second place, he who on occasion could not even be consoled with a victory. The Commendatore's comment was short, but sweet: 'Dmànga in Francia l'è steda scréta 'na pagina 'ed storia, ma l'è la nostra storia' [A page in history was written in France on Sunday, but it was our history'."

Villeneuve and Arnoux came out of that battle as if anointed by the oil of Homeric mythology.

Three years later the Canadian died at Zolder with before his eyes, perhaps, an awareness of leaving the scene exactly as he had always trod it. With the heart rending coherence of those who accept the risk of dying while doing what they love rather than accepting the grey routine of the mere mortals like us.

Those who all too often accept living while doing what they hate.

Early the following year, in 1983, René Arnoux left Renault and became a Ferrari driver.

It is Mauro Forghieri, aboard his De Lorean, who takes up the story. He has something to say, he want to bring closure and does so as his voice begins to crack, with a tone that chokes all those who carry that 1ST of July 1979 tattooed under their skin: "In the end, the Commendatore chose René because he still had the emotions of that duel running through his veins. Taking Arnoux and dressing him in red, I think Enzo Ferrari felt one of the most romantic of his terrible joys: that of keeping alongside him, just a little longer, all that remained of that unforgettable afternoon."

■ A metà aprile del 1979, dopo aver già portato alla vittoria la nuova Ferrari 312 T4 a Kyalami e Long Beach, Villeneuve viene inviato a Brands Hatch a partecipare alla Corsa dei Campioni, classica di primavera non valida per il titolo. Sul circuito britannico, aiutato dalle performanti Michelin, il canadese porta al trionfo la pensionata 312 T3 per quello che sarà l'ultimo successo extra-mondiale di una Ferrari di F.1.

■ In mid-April 1979, After having taken the new Ferrari 312 T4 to victory at Kyalami and Long Beach, Villeneuve was sent to Brands Hatch to participate in the Race of Champions, a non-championship spring classic. On the British circuit, assisted by the effective Michelins, the Canadian triumphed with the pensioned 312 T3 in what was to be the last non-championship victory for a F.1 Ferrari.

Beta
SIMPSON
PIAGGIO
vespa

MICHELIN
Agip
12

■ Gilles Villeneuve precede il compagno Jody Scheckter a Kyalami, nella gara del debutto della nuova 312 T4. Complice il problema alla Renault del poleman Jean Pierre Jabouille, la Ferrari ottiene una splendida doppietta con il canadese davanti, proprio sulla pista di casa, all'amico sudafricano. Sopra una delle innumerevoli immagini che ritrae i due piloti insieme, testimonianza visiva di un rapporto stretto e leale che andava al di là del dividere il box Ferrari ai Gran Premi.

■ Gilles Villeneuve heads his teammate Jody Scheckter at Kyalami in the race that marked the debut of the new 312 T4. Thanks in part to the problem with the Renault of poleman Jean Pierre Jabouille, Ferrari recorded a splendid one-two with the Canadian ahead of his South African friend on his home track. Right, one of the innumerable photos portraying the two drivers together, visual testimony to a close and loyal relationship that went beyond sharing the Ferrari Grand Prix pits.

■ Il fine settimana di Montecarlo, nel 1979, si stava mettendo sotto i migliori auspici per Gilles. Il primo giorno era stato il migliore in prova mentre solo sette centesimi di differenza gli avevano tolto la pole, al sabato, andata al compagno Scheckter. In gara Villeneuve stava seguendo comodamente il sudafricano quando, a una ventina di giri dalla fine, la trasmissione lo tradiva togliendogli sei preziosi punti per il titolo e, di fatto, lanciando il sudafricano in classifica a metà stagione.

■ The Monte Carlo weekend in 1979 looked to be set fair for Gilles. On the first day he had been fastest in practice while he missed out on pole by just seven hundredths to his teammate Scheckter. In the race Villeneuve was tracking the South African comfortably when, around 20 laps from the finish, his transmission failed, robbing him of six precious points for the title and effectively launching the South African's mid-season championship challenge.

MICHELIN
MICHELIN
MICHELIN
Agip
FIAT
Gilles Villeneuve
12
12
12
MICHELIN
Agip
arexons

MICHELIN
Agip
Gilles Villeneuve
FIAT
12
MAGNETI MARELLI
Agip
CH POZZI
CHAMPION
brembo
arexons
SKF
speedline

■ Dopo l'improvviso annullamento del Gp di Svezia, il Mondiale torna in pista a luglio con il trittico Francia-Inghilterra-Germania. Per la Ferrari non è un bel periodo a differenza di Renault e Williams che vincono i loro primi gran premi iridati. L'immagine sopra si riferisce alla gara di Digione, passata alla storia per il duello finale fra Villeneuve e Arnoux per il secondo posto. Nella pagina a fianco due istantanee della trasferta inglese di Silverstone chiusa con il ritiro a pochi giri dalla fine.

■ Following the unexpected cancellation of the Swedish Grand Prix, the World Championship returned to the track in July with the French, British and German triple. For Ferrai, this was not a happy period, in contrast with Renault and Williams, winners of their first World Championship Grands Prix. The photo above show the race at Dijon, which has a place in history thanks to the final duel between Villeneuve and Arnoux for second place. On the facing page, two snapshots of the British Grand Prix at Silverstone, which ended with retirement just a few laps from the finish.

DAILY EXPRESS
12
Agip
speedline SKF arexon
MICHELIN

MICHELIN
HEUER
12
MICHELIN MICHELIN

■ Nel 1979 a contrastare sul piano motoristico gli storici Ford Cosworth 8 cilindri c'erano i propulsori creati da Ferrari, Renault e Alfa Romeo. La Casa di Maranello, per il decimo anno di fila, decise di utilizzare il collaudato motore 12 cilindri piatto realizzando, con il modello T4, la sua prima vera monoposto dotata di minigonne scorrevoli come si vede in maniera chiara nelle due immagini di destra.

■ In 1979, the hegemony of the historic Ford Cosworth V8 was challenged by the engines built by Ferrari, Renault and Alfa romeo. For the 10TH season running the Maranello firm decided to go with the flat-12 engine, creating with the T4 model, its first car equipped with mobile side-skirts, as clearly seen in the two photos on the right.

MICHELIN
Agip
FIAT
Gilles Villeneuve
12
speedline
SKF arexons
brembo
CHAMPION

MICHELIN
Agip
FIAT
Gilles Villeneuve
12
speedline
SKF arexons
brembo

■ Il 1979 è una stagione piena di riferimenti nella vita agonistica di Villeneuve e le due immagini a fianco si riferiscono ad una giornata, a suo modo, storica nella carriera di Gilles, il Gp d'Olanda. Sopra il sorpasso all'esterno della curva Tarzan al leader Alan Jones mentre sotto, sempre nella stessa curva, la ripartenza dopo l'uscita di pista con la gomma bucata che dopo poche centinaia di metri verrà persa insieme alla sospensione nel tentativo di rientrare ai box.

■ 1979 was a season full of references in Villeneuve's competitive life and the two photos here refer to what was, in its way, an historic day in Gilles career, the Dutch GP. Above, the overtaking move on the outside of the Tarzan corner to pass the leader Alan Jones, while below, at the same corner, the restart after leaving the track with a punctured tyre that after a few hundred metres was to be lost together with the suspension in an attempt to return to the pits.

Castrol
GTX2

MICHELIN
Agip
FIAT
MAGNETI MARELLI
Agip
brembo
arexons

■ Nei giorni immediatamente seguenti alla gara di Zandvoort la Ferrari svolge a Monza dei test in previsione dell'importante gara di casa che, in caso di risultato positivo, potrebbe riportare il titolo iridato sia marche che piloti a Maranello.

■ In the days immediately following the Zandvoort race, Ferrari conducted tests at Monza ahead of the important home race that, in the case of a positive result, could have brought both the constructors' and drivers' titles back to Maranello.

Marlboro
Labatt
GPA
Matras

MICHELIN
Agip
FIAT
Gilles Villeneuve
12
MAGNETI MARELLI
Agip
CHAMPION
brembo
arexons
SKF
speedline

■ Immagini di una giornata felice per la Ferrari che, sulla pista di casa, trionfa senza patemi regalando ai tifosi una storica doppietta. Alla vigilia del Gp d'Italia era rimasto il solo Jacques Laffite, con la sua Ligier, a cercare di contrastare le rosse, come testimoniato dalle due immagini in alto. Ma problemi al motore lo toglieranno di gara lasciando via libera ai due ferraristi che vinceranno così gara e titoli.

■ Images of a happy day for Ferrari as it triumphed on its home track, regaling its fans with an historic one-two. On the eve of the Italian Grand Prix, only Jacques Laffite with his Ligier was still carrying the fight to the rosse, as testified to in the photos at the top. However, problems with his engine left the two *Ferraristi* with a clear run to the chequered flag and the championship titles.

Gli ultimi giri della corsa monzese sono vissuti in un tripudio di gioia per le migliaia di tifosi italiani. Villeneuve scorta, nel vero senso della parola, fino al traguardo l'amico-compagno Scheckter evitando di attaccarlo, rinunciando così ad ogni velleità di titolo iridato piloti.

■ The last few laps of the Monza race witnessed an outpouring of absolute joy from the Italian fans. In the true sense of the word, Villeneuve escorted his friend and teammate Scheckter, avoiding any attacks on him and foregoing any hopes of the drivers' title.

SMEG

Non appena scesi in parco chiuso dalle due T4, Villeneuve e Scheckter vengono portati verso la zona del podio dove le forze dell'ordine faticano a contenere l'entusiasmo dei tifosi. Sul podio, oltre ai due ferraristi, sale un altro beniamino del pubblico italiano, Clay Regazzoni, a sua volta in passato trionfatore in due occasioni della gara monzese con la Ferrari.

MICHELOB

TOYOTA
TEAM TOYOTA

■ Terminata a Monza la rincorsa ai titoli, Villeneuve è libero di dare sfogo al suo stile nella conclusiva trasferta nordamericana. Coglie il secondo posto in volata dietro Alan Jones in Canada e, come testimoniano le due foto a sinistra, ottiene la terza vittoria stagionale a Watkins Glen.

■ With Villeneuve's title chase over after the race at Monza, he was able to give a free rein to his style in the North American races. He grabbed a second place behind Alan Jones in Canada and, as seen in the two photos on the left, obtained his third win of the season at Watkins Glen.

Pironi e il crittogramma del destino

Ora toccava a lui parlare. Non avrebbe potuto più nascondersi, anche se, a rigor di logica, avrebbe dovuto. I miniregistratori dei giornalisti scattarono, pronti a incidere, così come i bottoncini delle biro, a puntare su mille taccuini microsfere bagnate di un inchiostro che avrebbe scritto finalmente qualcosa d'importante. Tutti fermi, in perfetta sospensione del tempo.

Agosto 1980, l'anno più anonimo e avvilente nella lunga storia della Ferrari in F.1. Il direttore sportivo Marco Piccinini, impegnato in Austria, a Zeltweg, in una gremita conferenza stampa con i giornalisti italiani, di fronte a sé aveva due strade invisibili. Rispondere in modo diretto a quella maledetta, corale, sospiratissima domanda, oppure aggirarla ancora una volta, deludendo tutti. Chi sarà il nuovo pilota del Cavallino che nel biennio '81-'82 sostituirà Scheckter e affiancherà Gilles Villeneuve? Non c'era scampo, delle due l'una. Pronunciare quel nome che lui sapeva già da un pezzo o non farlo affatto. E invece no. Piccinini inventò la terza via. Sorprendente, misteriosa, quasi esoterica.

Il direttore sportivo della Ferrari, prese fiato e poi, a voce bassa, abbozzando un sorriso, flauteggiò: «Potete Ipotizzare Ragionevolmente Ogni Nome Immaginabile». Non lo capì nessuno.

No, non era la solita svicolata, quella, ma un messaggio segreto, un motto giocoso latentemente rivelatore. Gesuitico diabolico, si direbbe, buttando là un ossimoro con rispetto parlando. Basta unire le iniziali di ciascuna piccininesca parola per ottenere il cognome del nuovo pilota Ferrari per il 1981: Pironi.

La leggenda vuole che al ritorno a Maranello l'apostolo Marco il Rosso, vale a dire il Piccinini medesimo, il diesse della Ferrari, si sia sentito dire dall'82enne Enzo Ferrari, quasi divertito: «Nessuno l'ha capito, mi hai battuto sul tempo: volevo far sapere di Didier a Monza ma, anche se in codice, hai già detto tutto tu». «No – rispose cauto ma sicuro il "diesse" –, Pironi è ancora un mistero».

Ora, a ventotto anni dalla morte del pilota francese, avvenuta in una gara off-shore al largo dell'Isola di Wight, queste parole in fondo non hanno ancora perso la loro carica e con essa un alone d'inscalfibile attualità. Pironi, molto a modo suo, un mistero lo è restato. Anche dopo. E pure ora. Specie per gli appassionati più giovani. Già, chi era il pilota, ma soprattutto, l'uomo Didier Pironi? Perché fu scelto dalla Ferrari? E come? In quali circostanze maturò

Pironi and the cryptogram of destiny

Now it was his turn to talk. He would no longer have anywhere to hide, even though that is probably what he should have done. The journalists' mini-recorders clicked, as did the buttons on their Biros, ballpoints wet with an ink that would finally write something important, hovering over a thousand notepads. All waiting, in a perfect suspension of time.

August, 1980, the most anonymous and depressing year in the long history of Ferrari in F.1. The sporting director Marco Piccinini, involved at Zeltweg, Austria, in a crowded press conference with the Italian journalists, had two invisible paths before him. Respond openly to that terrible, choral, insistent question, or avoid it once again, disappointing everyone. Who would be replacing Scheckter and flanking Gilles Villeneuve as the new Prancing Horse driver for the 1981 and '82 seasons? There was no way out, one or the other. Pronounce that name which he had known for some time, or not. But no; Piccinini invented a third way. Surprising, mysterious, almost esoteric.

The Ferrari sporting director drew breath and then, in a low voice, with a hint of a smile, blustered: "Potete Ipotizzare Ragionevolmente Ogni Nome Immaginabile - You May Reasonably Hypothesise Any Imaginable Name." No one understood a thing.

No, it was hardly the usual sidestep, but rather a secret message, a latently revelatory playful soundbite. Diabolically Jesuit, one might say with in a respectful oxymoron. Just combine the initials of each Piccinni-esque word to obtain the surname of the new Ferrari driver for 1981: Pironi.

Legend has it that on his return to Maranello the Apostle Mark the Red, that is to say, Piccinini himself, Ferrari's sporting director, heard the almost amused 82-year-old Enzo Ferrari say: "No one understood, but you beat me to it: I wanted to announce Didier at Monza, but you've already said all there is to say, albeit in code." "No," said the 'DS' cautiously but confidently, "Pironi is still a mystery."

Now, 28 years after the death of the French driver in an offshore race in the waters of the Isle of Wight, these words have still not lost their power and still carry a halo of pristine currency. Pironi, in his own way, has remained a mystery. Even afterwards. And even now. Especially for the younger fans. So who was the driver, but above all, the man, Didier Pironi? Why was he chosen by Ferrari? And how? What were the circumstances of his dramatic falling out with Gilles Villeneuve at Imola in '82? Was it the fault of the Frenchman or did the situation, instead present much more complex aspects?

Pironi e il crittogramma del destino

la clamorosa rottura di Imola '82 con Gilles Villeneuve? Fu colpa del francese o la situazione, piuttosto, presentava tratti molto più complessi?

Di più. Esiste una qualsivoglia relazione tra quell'insanabile contrasto e la successiva morte del canadese in prova a Zolder, pochi giorni dopo il Gp di San Marino?

Gli interrogativi sibilano ancora oggi parzialmente inesausti, tanto da stimolare non solo un ricordo del personaggio, ma una ricognizione, un'indagine il più possibile attenta e rispettosa di una vicenda umana tutta da riscoprire.

Torniamo indietro nel tempo.

Per Didier Pironi quel 1981 con la Rossa, annunciato dal crittogramma piccininiano, è un purgatorio: il peccato da scontare è il debutto del motore Turbo, ma il 1982 sembra l'anno buono. Nelle corse e nella vita.

Una primavera meravigliosa: gira a Montlhéry con una Ferrari P4, il sogno della vita, poi il 14 aprile sposa Catherine Bleynie, parigina, conosciuta quattro anni prima a St.Tropez. Lei è sorella di Gerard, pilota che corre nel Turismo francese, e vedette della boutique Givenchy.

Il 25 aprile "Cicciobello" corre a Imola con la 126 C2 che suona come un violino: il solo avversario può essere Gilles Villeneuve.

Più diversi i due ferraristi non potrebbero essere. Gilles viene dal nulla, parla il francese del Québec, è figlio della provincia del mondo. Da povero viveva in roulotte, da ricco pure. Didier pennella frasi in parigino sorboniano, si diverte a coltivare orchidee – monocotiledoni, come Nero Wolfe, personaggio letterario di Rex Stout – ha la rappresentanza per la Francia degli scafi Abbate, colleziona auto d'epoca e ovunque vada si sposta con chef al seguito.

Gilles e Didier hanno in comune solo due cose. Affascinanti e mortali, che li aiutano ad attrarsi l'un l'altro e – potenzialmente –, a respingersi. La passione per il volo e il gusto di andare oltre il limite. Sempre. Vada come vada.

Quando viaggiano verso Maranello promettono sfracelli. E si sfidano ridendo, uno in Ferrari l'altro in elicottero. Chi sta in aria fa la stessa strada di chi sfreccia a terra, tunnel a parte. Chi prevale? Boh, il buon senso no di sicuro.

La rivincita dal confine francese, su auto a nolo. Dai e dai, le distruggono e arrivano a Maranello in taxi. Ancora non lo sanno ma la bella si disputerà sotto gli occhi del mondo, nel Gp di San Marino 1982.

Fossero due qualunque vincerebbe Villeneuve, a corsa congelata. Ma loro sono, nel bene e nel male, tipi speciali. Trionfa Pironi e scoppia il putiferio. Gilles gli dà del bastardo e rompe l'amicizia promettendo vendetta agonistica. Lui prova a scusarsi e poi rumina un «Benissimo, vedremo».

No, non lo vedremo mai. L'8 maggio 1982 a Zolder in pro-

Pironi and the cryptogram of destiny

Moreover, was there any relationship between that irreconcilable difference and the subsequent death of the Canadian in practice at Zolder, a few days after the San Marino GP?

The questions still hiss today, partially unanswered, stimulating not only the memory of the figure, but also an investigation as careful and respectful as possible into a human story ripe for rediscovery.

Let's go back in time. For Didier Pironi, that 1981 with the Rossa, announced in Piccinini's cryptogram, was a form of purgatory: the sin to be atoned for being the debut of the Turbo engine, but 1982 appeared to be his year. In racing and in his personal life.

A marvellous spring: he lapped Montlhéry in a Ferrari P4, the dream of a lifetime, then on the 14TH of April he married the Parisienne Catherine Bleynie, whom he had met four years earlier at St. Tropez. She was the sister of Gerard, a driver racing in the French touring car series and a face of the Givenchy boutique.

On the 25TH of April "Cicciobello" raced at Imola with the 126 C2 which he played like a violin: his only possible rival was Gilles Villeneuve.

The two Ferraristi could hardly be more different. Gilles came out of nowhere, spoke the French of Québec and was as son of the province of the world. When he was poor he lived in a caravan, when he was rich the same. Didier spoke the Parisian French of the Sorbonne, enjoyed cultivating orchids – monocotyledons, like Nero Wolfe a literary invention of Rex Stout – was the French dealer for Abbate boats, collected classic cars and wherever he went had his personal chef alongside him.

Gilles and Didier had just two things in common. They were both attractive and mortal, factors that helped them attract and – potentially repel one another. A passion for flying and a taste for going beyond the limit. Always. Whatever the cost.

Heading for Maranello they promised fireworks. A light-hearted challenge, one in a Ferrari, the other in a helicopter. The one flying would follow the same road as the one on four wheels, tunnels excepted. Who won? Well, common sense didn't, that's for sure.

A re-match from the French border in hire cars. Going hammer and tongs, they wrote them off and arrived at Maranello in a taxi. They didn't know it yet, but their greatest duel was to be played out before the eyes of the world in the 1982 San Marino GP.

Had they been any normal pair, Villeneuve would have won having had the race sewn up. But they were, for better and for worse, special. Pironi triumphed and chaos broke out. Gilles called him a bastard and broke off their friendship, promising vendetta on the track. Didier tried apologised and then muttered a "Right, we'll see."

No, we wouldn't ever see. Gilles died in practice at Zolder on the

Pironi e il crittogramma del destino

va Gilles muore. Pironi diviene unico pilota di una monoposto senza rivali. Ma è un'annata complicata assai, anche per altri motivi.

«Volevo badare a vincere – ricorda Forghieri –, ma mi toccò pure fare da badante alle mogli dei piloti... ». Il matrimonio è in crisi e Didier esce con l'attrice Veronique Jeannot, popolarissima in Francia. In pista il titolo è ipotecato, ma a Hockenheim in prova Pironi urta in piena velocità il retrotreno della Renault di Prost nascosto da colonne d'acqua nebulizzata. Sentite Alain: «Didier volò. Più di Gilles. Dieci metri, direi. Una cosa raccapricciante». E poi Jarier: «Pioveva, ma le previsioni meteo davano per la gara sole al 100%. Didier andava al massimo, anche se non serviva a niente. Quell'incidente credo sia il riassunto della sua personalità». Gambe maciullate, carriera finita. Ma dall'ospedale, Didier scongiura i medici: «Non amputate. Datemi un'ultima possibilità ».

Mentre Pironi vive il suo dramma in clinica ad Heidelberg e Tambay, intimo di Villeneuve, porta alla vittoria l'altra Ferrari nel Gp di Germania, l'amico e collega Jabouille chiama a Parigi il professor Letournel, l'uomo che gli ha da poco salvato una gamba. Letournel si mette in contatto con la clinica universitaria tedesca: «No, evitate di amputare, al resto penserò io».

Cinquantadue operazioni. Pironi ci mette anni, ma torna in piedi. Riprova una F.1, una AGS a Digione, ma è solo una sfida con se stesso. Addio, Circus. Ora tocca al mare, la seconda grande passione. Lui si dedica all'off shore con un mostro chiamato Colibri. «Ogni onda è una curva», fa sapere entusiasta. Ma il 23 agosto 1987 trova la morte, al largo dell'Isola di Wight. Un altro volo. Definitivo, come fu per l'uomo che aveva la stessa febbre: Villeneuve.

La compagna di Pironi, incinta di due gemelli, fa solo sapere di avere scelto i loro nomi: Didier e Gilles.

Due destinati ad avere lo stesso sangue. Ad amarsi per sempre.

Pironi and the cryptogram of destiny

8TH of May 1982. Pironi became the sole driver of a car without rivals. But it was a very complicated year for other motives too. "I wanted to look after winning," remembers Forghieri, "but I also had to take car of the drivers' wives..." With his marriage on the rocks, Didier started seeing the actress Veronique Jeannot, hugely popular in France. On track Didier had staked his claim to the title, but in practice at Hockenheim he crashed heavily into the back of Prost's Renault which had been hidden by columns of spray. Alain explains: "Didier took off. Higher than Gilles. Ten metres, I'd say. Absolutely terrifying." Jarier adds his own view: "It was raining, but the forecasts guaranteed sunshine for the race. Didier was giving it everything, even though he didn't need to. I believe that accident was a summary of his personality."

His legs were chewed up, his career over. But at the hospital Didier pleaded with the doctors: "Don't amputate. Give me another chance."

While Pironi was going through his own personal drama at Heidelberg and Tambay, a close friend of Villeneuve, was driving the second Ferrari to victory in the German GP, his friend and colleague Jabouille called Professor Letournel in Paris, the man who had recently saved his leg. Letournel got in touch with the German university clinic: "No, avoid amputating, I'll take care of the rest."

52 operations. It took him years, but Pironi got back on his feet. He tried driving an F.1, an AGS at Dijon, but it was nothing more than a personal challenge. Adieu, Grand Prix circus. Now he turned to the sea, his second great passion. He devoted himself to off-shore racing with a monster named Colibri. "Every wave is a corner", he said enthusiastically. But then on the 23rd of August 1987, death caught up with him off the Isle of Wight. Another flight. Definitive, as it had been for the man who shared the same fever: Villeneuve.

Pironi's companion, pregnant with twins, let it be known that she had chosen their names: Didier and Gilles.

Two destined to share the same blood. And to love one another forever.

■ L'immagine in alto è stata scattata il 26 novembre di quel trionfale 1979 ma, in realtà, è già riferita all'anno seguente perché siamo alla presentazione della 312 T5 per il 1980. In mezzo ai due piloti titolari, Villeneuve e l'iridato Scheckter, troviamo Enzo Ferrari e il Ds Marco Piccinini, mentre a sinistra c'è l'ing. Mauro Forghieri, uno dei più grandi estimatori del canadese.

■ The photo at the top was taken on the 26th of November of that triumphant 1979, but in reality actually refers to the following year as the event was the presentation of the 312 T5 for 1980. Between the two drivers, Villeneuve and the champion Scheckter, are Enzo Ferrari and the Sporting Director Marco Piccinnini, while to Gilles' left is the engineer Mauro Forghieri, one of the Canadians greatest admirers.

Marlboro
Labatt
SMEG
GPA
Matras

■ Indubbiamente lo stile di guida di Villeneuve non sempre raccoglieva pareri positivi, soprattutto fra i colleghi piloti. Con loro però Gilles era sempre disponibile al confronto; in queste pagine, alcune immagini lo ritraggono con Jody Scheckter, Niki Lauda, Alain Prost e, soprattutto Didier Pironi. Il francese, nell'immagine in alto a destra, scherza con Gilles nei box di Imola a pochi giorni dall'annuncio del suo arrivo in Ferrari accanto al canadese per il 1981.

■ Inevitably, opinions about Villeneuve's driving style were often divided, especially among his colleagues. He was always open to discussion with them and on these pages a number of photos show him with Jody Scheckter, Niki Lauda, Alain Prost and, above all, Didier Pironi. In the photo top right, the Frenchman is joking with Gilles in the pits at Imola, a few days from the announcement that he would be joining the Canadian at Ferrari for 1981.

GITANES
SIMPSON
Marlboro

Le verità di Marco Piccinini

Marco Piccinini è da sempre uomo di poche e misurate parole. Già presidente vicario della FIA, è raro gustarlo in veste di prezioso testimone del tempo. O, se preferite, di direttore sportivo della Ferrari dal 1978 al 1988 e d'eccezionale protagonista degli ultimi anni di Enzo Ferrari, del quale è stato confidente e ascoltatissimo consigliere. La permanenza in Rosso di Piccinini coincide con la vittoria di un titolo Piloti F.1, nel 1979, e di tre titoli Costruttori, nel 1979, 1982 e 1983, ma anche con l'avvento e il culmine della breve epopea di Didier Pironi. Tanto che ben pochi, in quegli anni esaltanti e drammatici, conobbero e capirono il pilota francese come il suo "diesse".

A lui la parola, dunque.

«Vedo Didier come l'ultimo dei campioni romantici alla pari di Varzi, Castellotti, Musso. Uno degli ultimi a riuscire a costruire tramite le corse e anche al di là di esse una dimensione personale della vita. Ecco, non lo definirei certo un viveur nel senso libertino del termine, ma piuttosto un raffinato bon vivant per la sua capacità di cogliere gli aspetti belli della vita. Un uomo di certo non anonimo, che non ebbe mai quell'atteggiamento quasi impiegatizio che a volte sembra contraddistinguere alcuni top driver di oggi».

- Può svelare come avvenne la scelta di Didier Pironi come pilota Ferrari al posto di Jody Scheckter?

«Fu direttamente Enzo Ferrari a sceglierlo. Non si trattò, come per Villeneuve, di una scoperta suggerita da altri. Il pilota Pironi piaceva a Ferrari e fu lui a volerlo. Questo è quanto. Nel 1979, a Mondiale vinto, Jody Scheckter con noi fu chiaro: "Ancora un anno e mi ritiro". Diceva sul serio. Così noi fummo messi in condizione di muoverci in grande anticipo. In direzione Pironi, appunto. Tanto che a marzo 1980 era già quasi tutto definito. Con Didier mi incontrai la prima volta a Parigi, a casa sua, e mi ricordo che arrivai in taxi. Poi parlando scoprii che lui faceva le vacanze a St. Tropez. "Io vivo a Monaco – gli dissi –, per definire ulteriori dettagli potremmo vederci a metà strada". Fu così che c'incontrammo di sera in una cava abbandonata. Già, ci guardammo attorno scoprendo che era un posto pieno di coppiette e la cosa per ovvie ragioni non andava mica bene... "Mah, lasciamo perdere, ché magari qui ci fermano i gendarmi e la discrezione va a farsi benedire", convenimmo entrambi. Il resto fu meno avventuroso e tutto andò bene. Ma per lunghi mesi alla Ferrari del prossimo arrivo di Pironi sapevamo solo io, Enzo Ferrari e il figlio Piero».

- E poi ci fu il suo diabolico crittogramma, a Zeltweg, in agosto.

Marco Piccinini: the whole truth

Marco Piccinini has always been a man of few, well-chosen words. A former vice president of the FIA, it is a rare opportunity to hear him speak as an invaluable witness to past times. Or, if you prefer, as the sporting director of Ferrari from 1978 to 1988 and an exceptional protagonist during the last years of Enzo Ferrari, of whom he was a confidant and trusted advisor. Piccinini's Ferrari career coincided with the conquest of an F.1 drivers' title in 1979 and three constructors' title in 1979, 1982 and 1983, as well as with the advent and culmination of the brief Didier Pironi era. There were few in those exciting and dramatic years who knew and understood the French driver as well as his "diesse" or sporting director.

This is his story.

"I see Didier as the last of the romantic champions, of the calibre of Varzi, Castellotti and Musso. One of the last who managed to construct a personal life through racing and beyond. I wouldn't define him as a viveur in the libertine sense of the term, but rather as a sophisticated bon vivant for his capacity for grasping the finer things in life. A man who was hardly anonymous, who never had that almost business-like persona that at times seems to distinguish some of today's top drivers."

- Can you reveal how the choice of Didier Pironi as a Ferrari driver in place of Jody Scheckter came about?

"It was Enzo Ferrari himself who chose him. It wasn't, as had been the case with Villeneuve, a discovery suggested by others. Ferrari liked Pironi the driver and it was he who wanted him. So much for that. In 1979, having won the title, Jody Scheckter was very clear with us: 'Another year and then I'm retiring.' He was serious. In doing so he put us in a position to move very early. In the direction of Pironi, in fact. By the March of 1980 everything was all but defined. I first met Didier at his home in Paris and I remember that I arrived by taxi. While talking it emerged that he spent his holidays in St. Tropez. 'I live in Monaco', I said, 'we could meet half-way to finalise the details.' And so we found ourselves meeting one evening in a disused quarry. As we looked around we found it was a place full of 'courting couples' and for obvious reasons wasn't suitable for our purposes... 'Let's forget it, all we need is for the gendarmes to pick us up and all this discretion will be in vain" we both agreed. The rest of the story was less adventurous and everything went smoothly. But for long months at Ferrari only Enzo Ferrari, his son Piero and I knew about Pironi's imminent arrival."

Le verità di Marco Piccinini

«Macché diabolico, fu solo un gioco, quello. Ferrari mi chiese subito dopo: "Ehi, mi hai bruciato la notizia...". Ma no, mi ero solo divertito un po'...».

- Cosa la sorprese nella trattativa segreta con Pironi?

«Lui non era preoccupato dei soldi. Lo ricordo come uno dei pochi piloti coi quali l'accordo fu raggiunto senza delicate trattative. Per lui il denaro non era un problema. Piuttosto, quelli erano gli anni della querelle tra FISA (la Fia d'allora, ndr) e FOCA (l'associazione dei Costruttori inglesi con a capo Ecclestone) e dell'avvento del turbo. A Didier interessavano soprattutto garanzie di carattere politico e referenze di natura tecnologica. Voleva essere sicuro delle prospettive future».

- Quanto piaceva Pironi a Enzo Ferrari?

«Moltissimo. Didier veniva da una famiglia agiata, s'interessava di politica ed economia, aveva una visione ampia, variegata, approfondita della realtà e per questo esercitava un certo fascino su Enzo Ferrari. E poi ci fu un curioso processo di identificazione...».

- Quale?

«Pironi a Enzo Ferrari ricordava Trossi, l'aristocratico e velocissimo gentleman driver che fu tra i piloti e i sostenitori della Scuderia del Cavallino nei primi anni della sua attività. Non a caso Trossi era chiamato "Didì". E Pironi seppe entrare alla perfezione nel museo della memoria di Enzo Ferrari, tanto che a inizio 1981 accadde un fatto sintomatico alla presentazione ufficiale della squadra a Fiorano».

- Ossia?

«I nomi dei piloti venivano scritti ai lati delle monoposto, ancora con lettere separate l'una dall'altra. Fu così che Pironi, di sua spontanea volontà, andò a togliere la parte finale del suo nome, lasciando solo "Didi". Fu una cosa che fece molto piacere ad Enzo Ferrari e che mostra quanto fosse forte la capacità di Pironi di entrare in sintonia con lui».

- Lei fu grande amico di Didier.

«Amici? È una parola che non definirei del tutto appropriata per i ruoli che avevamo. I nostri erano ottimi rapporti, di stima e anche di affinità. Vede, non vorrei sembrarle freddo perché non lo sono, ma le ricordo che tutto avveniva nei limiti che devono comunque esserci tra direttore sportivo di un team e pilota».

- La faccio breve. Lei fu suo testimone di nozze. Sia civili che religiose.

«Sì, certo. La cerimonia civile si svolse nel 1982 a Parigi e a officiare il rito civile fu Nicolas Sarkozy, proprio lui, il futuro Presidente della Francia. Il rito religioso, invece, ebbe poi luogo in un paesino dei Pirenei».

- Parlando di Pironi, non si può fare a meno di toccare il doloroso tasto dei rapporti tra lui e Gilles Villeneuve.

«All'inizio andò tutto bene, specie nel 1981 quando la

Marco Piccinini: the whole truth

- And then came his diabolic cryptogram, at Zeltweg, in August.

"No, diabolic no, it was just a bit of fun. Ferrari was quick to complain: 'Hey, you gave away my secret...' But it wasn't like that, I was just having fun..."

- What surprised you about the secret negotiations with Pironi?

"He wasn't concerned about money. I remember him as one of the few drivers with whom an agreement was reached without delicate negotiations. Money just wasn't a problem for him. Instead, those were the years of the disputes between the FISA [as the FIA was then called Ed.] and the FOCA (the Formula One Constructors Association headed by Ecclestone) and the advent of the turbo. Didier was interested, above all, in guarantees of a political nature and technical assurances. He wanted to be sure about his future prospects."

- How much did Enzo Ferrari like Pironi?

"Very much. Didier came from a wealthy family, he was interested in politics and economics, had a broad, varied outlook, well rooted in reality and for this reason had a certain appeal for Enzo Ferrari. And then was a curious process of identification..."

- Oh yes?

"Pironi reminded Enzo Ferrari of Trossi, the aristocratic and very fast gentleman driver who was among the drivers and supporters of the Prancing Horse team in its earliest years. And funnily enough, Trossi was known as 'Didì'. Pironi succeeded perfectly in entering into the museum of the memory of Enzo Ferrari, to the extent that in 1981 there was a symptomatic episode at the official presentation of the team at Fiorano."

- That is?

"The names of the drivers were still written on the sides of the car with individual letters. Of his own accord, Pironi took off the ending of his name leaving only 'Didi'. It was something that Enzo Ferrari liked a lot and showed just how Pironi was capable of entering into harmony with him."

- You were a great friend of Didier.

"Friends? It's a word I'm sure is appropriate for the roles we had. We enjoyed an excellent relationship of respect and also affinity. You see, I don't want to come over as cold because I'm not, but I'd remind you that everything took place within the limits that have to be set between the sporting director of a team and the driver."

- To cut things short. You were his best man. At both the civil and religious ceremonies.

Yes, sure. The civil ceremony took place in 1982 in Paris with Nicolas Sarkozy, the future president of France no less, officiating. The religious ceremony instead took place in a village in the Pyrenees."

- In talking about Pironi we can hardly avoid the thorny issue of his relationship with Gilles Villeneuve.

Le verità di Marco Piccinini

Ferrari non aveva ancora una monoposto costantemente competitiva, perché si stava sviluppando il turbo. Ma nel 1982...».

- Andiamo direttamente alla rottura tra i due, a Imola, durante il Gp di San Marino.

«Si era creata una classica situazione di rivalità. Il fatto è che Gilles Villeneuve aveva un po' sottovalutato Didier Pironi, al suo arrivo».

- Molti rinfacciano ancora oggi a Pironi di aver trasgredito il cartello "Slow" che dai box indicava a entrambi di mantenere le posizioni, con Gilles in testa. Quel pomeriggio lei era al muretto Ferrari e Forghieri no, quindi è Marco Piccinini il destinatario naturale della prossima domanda. Pironi fu scorretto?

«Indicare di mantenere le posizioni non vuol dire che esse debbano essere mantenute a qualsiasi costo, accada quel che accada. "Slow" voleva dire congelare la situazione ma non implicava che nel crearsi di una particolare situazione fosse vietato approfittarne».

- Cioè?

«Voglio dire che a un certo punto della corsa Didier Pironi percepì che Gilles Villeneuve aveva difficoltà a portare avanti la sua cavalcata vincente. Ci fu una svirgolata in una curva sinistrorsa, un'esitazione del compagno di squadra che Didier colse come un segnale di difficoltà. Si sentì autorizzato a superare Gilles e decise così di passare al comando».

- A quel punto la lotta tra i due esplose.

«Sì, con entrambi convinti d'avere ragione. La tipica situazione grigia che vede due posizioni contrapposte, la bianca e la nera, con le parti certe di avere motivi da sostenere anche con forza. E infatti entrambi potevano vantare il diritto a tentare di vincere quella corsa».

- Quindi secondo lei non ci fu una colpa lieve o grave di Pironi.

«No, Didier non trasgredì. E c'è da valutare la situazione in senso più ampio».

- Nessuno può farlo meglio di lei. Dica anche se una ricucitura tra i due era possibile, giunti a quel punto.

«Una ricucitura? In quel momento Gilles Villeneuve stava seguendo i consigli di gente esterna ed estranea alla Ferrari. Ossia di "sirene" – mi si consenta di chiamarle così –, che gli suggerivano di fondare una propria squadra di F.1. Il fatto che Villeneuve con Pironi avesse assunto un atteggiamento così poco propenso alla mediazione derivava non solo da quello che era successo in pista a Imola, ma anche da questo contesto più ampio, che ora va debitamente valutato. Ecco, se in seguito Villeneuve non avesse più tenuto conto di questi fattori perturbanti esterni, io credo, in tutta onestà, che una ricucitura tra i due sarebbe stata possibile».

Marco Piccinini: the whole truth

"At first everything was fine, especially in 1981 when Ferrari had yet to find a consistently competitive car because the turbo was under development. But in 1982..."

- Let's go directly to the flash point between the two at Imola, during the San Marino GP.

"A classic situation of rivalry had developed. The fact is that Gilles Villeneuve had underestimated Didier Pironi a little on his arrival."

- There are many who still today claim that Pironi disobeyed the "Slow" instruction from the pits that required both drivers to maintain their positions with Gilles in front. That afternoon you were there on the Ferrari pit wall not Forghieri, so Marco Piccinini is the obvious target for the next question. Was Pironi out of order?

"An instruction to hold positions doesn't mean that they have to be held at any cost, come what may. 'Slow' means freezing the situation, but doesn't imply that should another particular situation arise it was forbidden to take advantage of it."

- Which means?

"What I mean is that at a certain point in the race Didier Pironi noted that Gilles Villeneuve was having trouble keeping his victory charge going. There was a slide in a left-hand bend, a hesitation by his teammate that Didier picked up as sign of trouble. He felt he was authorised to pass Gilles and thus decided to take the lead."

- At that point all hell broke loose.

"Yes, both were convinced they were in the right. The typical grey area between two opposing positions, black and white, with both parties having the courage of their convictions. And in fact both of them could claim the right to try to win that race."

- So, in your opinion, there was no fault on Pironi's part, serious or otherwise.

"No, Didier didn't disobey. And we should take a broader view of the situation."

- No one is better placed than you to do that. Tell us whether at that point a reconciliation between the two was possible.

"A reconciliation? At that time Gilles Villeneuve was following the advice of people outside and extraneous to Ferrari. Certain 'sirens', if you'll permit the expression, who were suggesting that he should form his own F.1 team. The fact that Villeneuve with respect to Pironi had adopted an attitude that was so little inclined towards mediation derived not only from what had happened on track at Imola, but also from this broader context which needs to be considered appropriately now. You know, if Villeneuve hadn't continued to take into account these disturbing external factors, I believe in all honesty that a reconciliation between the two would have been possible."

- It was attempted immediately after Imola, but in vain.

Le verità di Marco Piccinini

- Fu tentata subito dopo Imola, ma invano.

«Sì, c'è un altro elemento importante che va soppesato. Dopo Imola in riunione a Maranello davanti a me, Enzo Ferrari e Gilles Villeneuve, Pironi disse: "Se io, pur non volendo, al Gp di San Marino ho compiuto qualcosa di sbagliato, insomma, ho fatto qualcosa di male, in questo momento sono pronto a chiedere scusa. Sì, scusa". Per parte sua Enzo Ferrari ribadì ai due che l'interesse della Scuderia – la quale, ovvio, corre per vincere –, resta comunque prominente rispetto a quello dei singoli. Piloti compresi».

- Secondo lei non c'è alcun nesso di causalità indiretta tra il clima esplosivo creatosi nel dopo-Imola e il tragico epilogo di Zolder?

«Assolutamente no. Ciò che accade a Zolder non deriva in alcun modo dagli eventi di Imola. In Belgio ci fu semplicemente uno sciagurato malinteso tra Villeneuve e Mass. Due piloti entrarono in rotta di collisione perché – in perfetta buona fede –, si trovarono al momento sbagliato nel posto sbagliato. Se Villeneuve fosse uscito dai box cinque secondi prima o dieci secondi dopo, non sarebbe successo nulla e ora il canadese sarebbe vivo e magari a capo della Gilles Villeneuve Corporation».

- Il momento più bello del suo rapporto con Pironi?

«Quando balzò in testa al Mondiale '82. Dopo la morte di Villeneuve, Didier a Maranello aveva restituito il sorriso a tutti noi».

- Lei esclude una qualsiasi colpa di Prost per l'incidente in prova a Hockenheim che spezzò le gambe e la carriera in F.1 di Didier?

«Nessuna colpa di Prost, assolutamente. Quell'incidente maturò in condizioni meteo estreme. Senza di esso, Pironi sarebbe ricordato come il Campione del mondo 1982. Mesi dopo, quando Didier fu in grado di tornare in piedi, fu ricevuto a Maranello da Enzo Ferrari, il quale gli consegnò in privato un trofeo sul quale stava scritto proprio questo: "A Didì Pironi, il vero iridato della stagione 1982"».

- Come definirebbe con tre soli aggettivi Didier Pironi?

«Un ragazzo intelligente, generoso, sfortunato ».

Marco Piccinini: the whole truth

"Yes, there is another important element to consider. After Imola, during a meeting at Maranello, before me, Enzo Ferrari and Gilles Villeneuve, Pironi said: 'If without intending to, at the San Marino GP, I did something wrong, in short, if I made a mistake, at this moment I'm ready to apologise. Yes, apologise.' For his part, Enzo Ferrari reiterated to the pair that the interests of the team, which naturally races to win, remain more important than those of individuals. Drivers included."

- In your opinion, was there any indirect link between the explosive climate created post-Imola and the tragic epilogue of Zolder?

"Absolutely not. What happened at Zolder did not derive in any way from the events at Imola. In Belgium there was simply a terrible misunderstanding between Villeneuve and Mass. Two drivers collided because, in perfectly good faith, they found themselves in the wrong place at the wrong time.. Had Villeneuve left the pits five seconds earlier or ten seconds later, nothing would have happened and the Canadian would be alive now and maybe the head of the Gilles Villeneuve Corporation."

- The best time in your relationship with Pironi?

"When he took the lead in the '82 World Championship. After the death of Villeneuve, Didier put a smile back on the faces of everyone at Maranello."

- Do you absolve Prost of any blame for the accident in practice at Hockenheim that broke Didier's legs and ended his F.1 career?

"It was absolutely no fault of Prost's. That accident occurred in extreme weather conditions. Without it Pironi would be remembered at the 1982 World Champion. Months later, when Didier was back on his feet, he was received at Maranello by Enzo Ferrari, who privately presented him with a trophy inscribed: 'To Didì Pironi, the true champion of the 1982 season."

- How would you define Didier Pironi in just three adjectives?

"Intelligent, generous, unfortunate."

I primi piani di queste pagine sono lo specchio di una fra le stagioni più inconcludenti nella storia Ferrari. Nel 1980 la 312 T5 non riuscì a dare alcuna soddisfazione ai due piloti, Villeneuve e Scheckter, così come al responsabile tecnico del team modenese Mauro Forghieri.

The close-ups on these pages mirror one of the most disappointing seasons in Ferrari's history. In 1980, the 312 T5 failed to provide its two drivers, Villeneuve and Scheckter, and the Modenese team's chief Mauro Forghieri, with any form of satisfaction.

BROOKLYN
CHEWING GUM

MICHELIN
Agip

MICHELIN
MICHELIN
MICHELIN
Agip
FIAT
Gilles Villeneuve
LONGINES
2
Agip
MAGNETI MARELLI
speedline
arexons
SKF
personal
pininfarina
Lockheed
MICHELIN

MICHELIN
MICHELIN
MICHELIN
LONGINES
FIAT
Agip
2

▪ Altre immagini di Villeneuve che si riferiscono al Gp monegasco del 1980. Era ormai chiaro a tutti che il 12 cilindri piatto della Ferrari aveva fatto il suo tempo e, inoltre, il futuro sembrava destinato ai motori turbo. Ed ecco che pochi giorni dopo Montecarlo, a Fiorano, si svolgono in gran segreto i primi test della nascente 126 turbo.

▪ Further shots of Villeneuve from the 1980 Monaco Grand Prix. It was then clear to everyone that the Ferrari flat-12 had had its day and that the future appeared to be turbocharged. And just a few days after Monaco, Fiorano was the setting for top secret testing of the nascent 126 turbo.

MAGNETI MARELLI
Marlboro

■ Altre due trasferte senza gloria per la Ferrari e per lo stesso Villeneuve. Sopra siamo a Brands Hatch con il canadese qualificato in decima fila mentre l'altra Ferrari, con Scheckter, addirittura in ultima. Nella pagina a fianco il canadese è in Francia dove giunge ottavo, doppiato dal vincitore Alan Jones lanciato verso il titolo iridato sulla performante Williams FW07.

■ A further two disappointing races for both Ferrari and Villeneuve. Above, we are at Brands Hatch with the Canadian qualifying on the 10TH row, while the other Ferrari with Scheckter was actually at the back of the grid. On the facing page, in this photo the Canadian in France where he finished 8TH, lapped by the winner Alan Jones who was heading for the championship title in his efficient Williams FW07.

MICHELIN
MICHELIN
Marlboro
LONGINES
Agip

■ Finalmente la Ferrari svela al pubblico la sua nuova arma, la 126 turbo, in occasione delle prove del sabato del Gp d'Italia a Imola. In gara il canadese sarà protagonista di un tremendo incidente alla staccata della curva Tosa come testimoniato, a fianco in alto, dai resti della sua monoposto. Sotto, un'immagine dell'ultima gara della deludente T5, a Watkins Glen, il 5 ottobre di quel brutto 1980.

■ Ferrari finally reveals to the public its latest weapon, the 126 turbo, on the occasion of Saturday practice for the Italian Grand Prix at Imola. In the race, the Canadian was to be involved in a terrifying accident under breaking for the Tosa corner, the remains of his car showing, top, the results of the crash. Below, a shot from the last race of the disappointing T5, at Watkins Glen on the 5TH of October of that awful 1980.

RENAULT
RENAULT
FIAT
LONGINES
Agip
2
Agip
arexons
personal
Agip MICHELIN

MICHELIN MICHELIN
MICHELIN
Agip
Marlboro
Labatt
FIAT
LONGINES
Agip
2
2
Agip

■ Il 1981 sembra un anno migliore del precedente fin dagli inizi per Villeneuve, ed è anche l'anno in cui comincia a brillare la stella di uno dei più vittoriosi piloti nella storia della F.1, Alain Prost. Qui il canadese segue con attenzione le spiegazioni manuali del francese sotto gli occhi di un altro grande pilota transalpino, Gerard Larrousse, a quell'epoca Ds della rivale Renault.

■ 1981 appeared to be a much better year from the outset for Villeneuve and it was also the year in which the talent of one of the most successful drivers in the history of F.1, Alain Prost, began to emerge. Here, the Canadian carefully follows the Frenchman's manual explanations in the company of another great French driver, Gerard Larousse, at that time the Sporting Director of the rival Renault team

Labatt
GPA
arexons
Ferrari

Canon
Convention Center
Theaters
BELL HELMETS
BELL HELMETS
MICHELOB
TOYOTA
RAGNO

Coors
DATSUN
EBEL
Coca-Cola
CAESARS PALACE
LAS VEGAS, NEVADA

■ Gli Stati Uniti aprono e chiudono la stagione 1981 della F.1. Nella pagina a fianco la staccata della prima curva a Long Beach con Villeneuve, scattato splendidamente dalla terza fila, che però arriva lungo lasciando campo libero agli avversari. Sotto una fase della gara conclusiva sul neonato circuito di Las Vegas dove, alla rabbia per il ritiro causa un problema tecnico, si aggiunge la beffa della squalifica per partenza da una posizione scorretta in griglia.

■ The United States opened and closed the 1981 F.1 season. On the facing page, the braking area for the first corner at Long Beach, with Villeneuve, who had got away from the third row of the grid splendidly, going long and leaving the door open for his rivals. Below, a late phase of the race on the new Las Vegas circuit where frustration for a retirement caused by a technical problem was increased by a disqualification for starting from the wrong place on the grid.

■ Immagini che si riferiscono ad una delle pagine più importanti nella storia di Gilles Villeneuve ma anche della Ferrari. Nonostante l'inferiorità tecnica del motore turbo nei confronti degli aspirati sul tortuoso circuito monegasco, il canadese vince la gara superando nelle fasi finali la Williams dell'iridato Alan Jones dopo un'entusiasmante rimonta.

■ Images from one of the most important chapters in the history of Gilles Villeneuve and Ferrari itself. Despite the technical inferiority of the turbo engine with respect to the naturally aspirated units on the tortuous Monaco circuit, the Canadian won the race, passing the Williams of the World Champion Alan Jones after a stunning fight-back.

FIAT

■ Nemmeno il tempo di gioire per la vittoria di Monaco ed ecco un'altra perla nella carriera di Gilles, il Gp di Spagna, testimoniato dall'immagine sopra. Per oltre un'ora il canadese riesce a contenere gli attacchi dei rivali, soprattutto Laffite e Watson, e chiude vincendo la gara passata alla storia come il "trenino del Jarama". A fianco, due anni dopo lo storico duello a Digione, ecco ancora Villeneuve e Arnoux ai ferri corti sul tracciato francese.

■ Having hardly had time to celebrate victory in Monaco, here was another pearl in Gilles' career, the Spanish Grand Prix, as seen in the photo above. For over an hour, the Canadian succeeded in containing the attacks of his rivals, above all Laffite and Watson, closing out victory in a race known as the "Jarama trenino". Two years after the historic duel at Dijon, here are Villeneuve and Arnoux, again fighting it out on the French circuit.

Sopra uno scatto nel Motodrom tedesco di Hockenheim dove la Ferrari non brilla e Villeneuve chiude lontano dai primi. Le altre immagini si riferiscono alla gara di casa, Monza, dove le cose vanno peggio costringendo il canadese al ritiro già nel corso del settimo giro a causa di problemi al turbo.

Above a shot from the German Motodrom at Hockenheim where the Ferrari failed to shine and Villeneuve finished well out of the points. The other photos show the home race at Monza, where things went even worse, with the Canadian forced to retire on the 7TH lap with turbo problems.

Castrol
Castrol
Castrol
Marlboro
WORLD CHAMPIONSHIP TEAM
Esso
MICHELIN
MICHELIN
LONGINES
27
olivetti
Agip
Marlboro
22

CAMPARI
CAMPARI
CAMPARI
FIAMM
FIAMM
.FACCO
O.FACCO
FIAMM

L'ultima intervista di Gilles Villeneuve

Marcello Sabbatini è stato il padre fondatore di Autosprint, Motosprint e Rombo, oltre che, per tre decadi piene, dagli Anni Sessanta fino a tutti gli Anni Ottanta, il giornalista italiano più autorevole e attivo, in coabitazione col grande Franco Lini, nel campo del Motorsport.

Dapprima testimone poco entusiasta e poi infine acerrimo nemico del modo di correre da "ragioniere" di Niki Lauda, ai tempi eroici della lunga parentesi ferrarista dell'austriaco, dal 1974 al 1977, Marcellone fin dalla prima ora s'emozionò per lo stile del Canadese Volante, arrembante, per niente tattico e tutto cuore, paragonandolo a più riprese a Tazio Nuvolari.

Lo difese ai primi errori, alle uscite di pista iniziali, inattese e spettacolari, seppe attendere la sua esplosione agonistica e quindi propagare, dalle pagine di Autosprint *e dagli schermi di* Telesprint, *a un vastissimo numero di lettori l'ammirazione per Gilles Villeneuve, fino a farla sublimare in una sorta di culto laico, che, dalla prima vittoria iridata di Gilles, a casa sua, al Gp del Canada 1978 in poi, cominciò a prendere il nome di "Febbre".*

E Marcello Sabbatini per Gilles seppe essere anche confidente attento e caldo, punto di riferimento certo e fidato. Tanto che l'ultima vera intervista ufficiale del canadese è in realtà uno sfogo quasi privato del canadese allo stesso Marcello.

In questo libro, grazie alla squisita disponibilità del figlio Alberto, tuttora direttore di Autosprint, *abbiamo la possibilità di riproporre integralmente quel pezzo, testimonianza preziosissima che riporta le ultime parole ufficiali pronunciate da Gilles, in partenza per Zolder con addosso ancora tutta la rabbia per lo sgarbo subito a Imola dal compagno di squadra Pironi, in occasione del Gp di San Marino 1982.*

Jackie Stewart era rimasto spaventato, dopo il viaggio di ritorno a Montecarlo da Imola sull'elicottero di Villeneuve. Era stato tutto uno sfogo violento, amaro, sull'episodio del 44° giro del Gp del Santerno, quando Pironi aveva ricambiato le carte in tavola di una corsa da classifica scontata come pensava Gilles e vinta dal francese con un sorpasso che nessuno ormai si aspettava.

Stewart tremò per quello che poteva capitare all'interno della squadra Ferrari da quel momento, con una rivalità che non poteva far presagire nulla di buono. E mi fece sapere: fai qualcosa, vedete di sensibilizzare Ferrari, visto che chi era in pista a Imola nulla aveva fatto per impedire il peggio di quella domenica.

Villeneuve's last interview

Marcello Sabbatini was the founding father of Autosprint, Motosprint and Rombo as well as, for three full decades, from the Sixties through to the end of the Eighties, the most authoritative and active Italian journalist, together with the great Franco Lini, in the field of motorsport.
Initially as a rather unenthusiastic witness and then lastly as an arch-critic of the Niki Lauda style of "percentage" driving, in the heroic times of the Austrian's long spell with Ferrari from 1974 to 1977, Marcello immediately fell in love with the aggressive, whole-hearted and by no means tactical style of the Flying Canadian, comparing him on a number of occasions with Tazio Nuvolari.
He defended his early errors, the initial, unexpected and spectacular crashes, he cannily waited for his competitive explosion and then propagated, from the pages of Autosprint and via the Telesprint cameras, to a vast number of readers and viewers, an admiration for Gilles Villeneuve that developed into a kind of lay cult which from Gilles' first World Championship victory, at home in Canada in 1978, began to take the form of a "Fever".
And for Gilles, Marcello Sabbatini was also a warm and attentive confidant, a secure and trusted point of reference. To the extent that the Canadian's last official interview was in reality an almost private outpouring to Marcello.
Thanks to the great generosity of his son Alberto, still the editor of Autosprint, we are able to reproduce that piece in its entirety in this book, precious testimony to the last official words pronounced by Gilles as he prepared to leave for Zolder, with all the frustration for the slight received at Imola from his teammate Pironi on the occasion of the 1982 San Marino GP.

Jackie Stewart was very concerned after the trip back to Monte Carlo from Imola aboard Villeneuve's helicopter. It had been a continuous violent and bitter outburst about the episode on the 44TH lap of the Santerno track, when Pironi shuffled the cards in a race that as Gilles believed was all but over and went on to win with an overtaking manoeuvre no one expected.
Stewart was frightened by the idea of what might happen within the Ferrari team from then on in the face of rivalry that could hardly be a portent of anything positive. And he told me: do something, try to make sure Ferrari are aware given that those who were there at Imola did nothing to prevent the worst that Sunday.

L'ultima intervista di Villeneuve

Ai boxes imolesi in realtà non c'era stato Forghieri. C'era soltanto Marco Piccinini. Ma diciamocela tutta. L'esplosione di Villeneuve aveva un po' cominciato a ingelosire Ferrari. Il pilota si guadagnava i titoli solo col suo nome. Come ai tempi di Nuvolari, l'uomo conquistava col proprio coraggio. La macchina era solo un mezzo tecnico. L'uomo esaltava. E c'era chi aveva soffiato su questo ingelosimento. La scelta di Pironi era stato il rimedio. Un uomo da contrapporre, che magari rendesse meno super il personaggio Gilles. L'operazione era stata sin più sofisticata. Villeneuve, dopo quattro anni Ferrari, voleva finalmente, alzare il proprio valore economico nelle sponsorizzazioni personali. E il cachet era salito. I primissimi sponsor, arrivati sull'entusiamo a cifre molto controllate rispetto a quelle di altri campioni affermati, cominciarono a lamentarsi delle richieste di aumento dal canadese e andarono a lamentarsi in Ferrari. E ci fu chi consigliò: ma perché vi preoccupate? Voi offrite il cachet a Pironi. Lui vale come l'altro.

E così Gilles si vide dire tanti no in sponsorizzazioni che – al vecchio prezzo – finivano a Didier. Era il preambolo del dissidio che poi diventò il sorpasso plateale tanto sofferto.

E venne Imola, dunque. A scanso di equivoci, tre giorni dopo la gara e quel brusco finale, telefonai prima a Maranello.

«Vorrei intervistare a freddo Gilles sulla lite. Che ne dite?».

Subito ci fu il "no" di Gozzi, poi rincarato da Ferrari in persona: «No, voglio prima sentirlo io», ribadì il Drake.

Lo dissi a Gilles, che rispose: «Non ci credo. Ferrari sa già tutto. Tu vieni a Fiorano. L'intervista te la concedo. Anche televisiva». Ma a Fiorano non mi fecero entrare. Telefonai a Gilles. «Va bene, aspettami fuori del cancello, arrivo io. Nessuno mi può impedire di raccontare la verità su questo tradimento».

Ed eccola. Fu l'ultima intervista di Gilles Villeneuve. L'ultima della sua vita. Breve, secca. Ma ad alta tensione. Al punto che bastò un giovane che si fece troppo vicino a noi e all'operatore che Gilles, con una durezza inabituale, lo apostrofò: «Vuoi entrare nella telecamera? Vai via!», lui che era sempre così controllato, tranquillo, che non si sottraeva mai ai tifosi che lo accerchiavano letteralmente, sempre.

- Villeneuve 90 ore dopo Imola. È passata la rabbia ed è rimasta la "Febbre" o no?

«No che non è passata. Come ho detto a fine corsa: lui (Pironi, ndr) mi ha rubato la gara. E la penso ancora così».

- Non cambi idea?

«Assolutamente no. Se guardi i tempi della gara vedi che io ho ragione su questo».

- Ma c'era un accordo oppure no?

«Da sempre c'è un accordo, da quattro anni. Da quando

Villeneuve's last interview

Forghieri had in reality been absent from the pits at Imola. Only Marco Piccinini had been there. But let's admit it. Villeneuve's burgeoning fame had to some extent begun to make Ferrari jealous. The driver was earning the headlines in his own name. Just as with Nuvolari, the man triumphed through his own courage. The machinery was merely a tool. The man was all-important. And there were those who blew on the embers of this jealousy. The choice of Pironi was seen as the solution. A man to contrast and perhaps render a little less alluring the figure of Gilles. The operation had actually been even more sophisticated. After four years at Ferrari, Villeneuve was finally determined to augment his own economic value in terms of personal sponsorship. And the price had risen. The very first sponsors, initially attracted by figures that were very modest compared with those commanded by established stars, began to grumble about the Canadian's increased demands and took their complaints to Ferrari. And there were those who suggested: why worry? Offer the fee to Pironi. He's as just as good.

And so Gilles saw numerous sponsorship opportunities disappear, only to be taken up, at the old price, by Didier. This was the prelude to a dispute that that led to that infamous passing manoeuvre.

And so we come to Imola. Just to make it clear, three days after the race and that brusque finale, I first called Maranello. "I'd like to interview Gilles directly about the dispute. What do you think?" There was an immediate "no" from Gozzi, repeated by Ferrari in person: "No, I want to hear from him first myself", reiterated the Drake.

I told Gilles, who replied. "I don't believe it. Ferrari already knows everything. Come to Fiorano. I'll give you the interview. Even on TV." But they didn't let me into Fiorano. I called Gilles. "OK, wait for outside the gates, I'm coming. They can't stop me telling the truth about that betrayal."

And here it is. Gilles Villeneuve's last interview. The last of his life. Short, sharp, but very, very intense. To the point that all it took was a young lad straying too close to us and the cameraman for Gilles to snap at him with uncharacteristic harshness: "Are you trying to get into the camera? Get out of here!" This from some one who was always so cool and collected and who never avoided the fans who quite literally always surrounded him.

- Villeneuve, 90 hours after Imola. Has the anger subsided and given way to the "Fever" or not?

"No, it hasn't passed. As I said at the end of the race: he [Pironi] stole the race from me. And I still think so."

- You won't change your mind?

"Absolutely not. If you look at the lap times from the race you'll see I'm right."

- But was there an agreement or not?

L'ultima intervista di Villeneuve

sono alla Ferrari, a tutte le gare, Piccinini dice che non bisogna fare una battaglia se due macchine si trovano in testa e non ci sono avversari dietro. In quel caso bisogna andare piano per non stressare la vettura e finire così».
- Ma c'è chi dice: come mai Villeneuve, che ha sempre dato battaglia ed è sempre sceso in pista per correre senza risparmiarsi, questa volta chiede rispetto per sé?
«Mettiamola così: quando io ero dietro a Scheckter, in Sud Africa 1979, l'ho passato soltanto quando lui si è fermato ai box. Quando ero a Monza, ed era l'ultima occasione per me per vincere una gara ma ci si giocava il Campionato del mondo (1979, ndr), io sono rimasto dietro Jody senza tentare di superarlo. Quando ero a Montecarlo, prima di rompere il cambio, Jody davanti a me andava lento perché avevamo un grande vantaggio e io non ho mai provato a superarlo. La regola era questa. Ma se io sono davanti e rallento, e il mio compagno non lo fa, e mi supera, come lo giudicate questo? Se andate a vedere i tempi di Imola, tutte le volte che io ero davanti giravo in 1'37"5/1'37"8, per risparmiare la macchina e la benzina, tanto avevamo 45" di vantaggio su Alboreto. Quando in testa è andato Pironi, si è messo a girare in 1'35"5. Chiaro, no?».
Era il mercoledì dopo il Gp sul Santerno.
A Zolder, in Belgio, arrivarono da soli i due piloti. Non c'erano mogli al seguito. Si andò così all'ultima sfida. Come a un duello rusticano, una sfida da western americano. Il tempo nelle prove del sabato innescò la tragedia. Poi piansero e recriminarono in tanti. A parole, tutti. Ma chi sapeva di non avere la coscienza pulita, pensate che abbia mai ammesso qualcosa? Nemmeno a se stesso. Scommetteteci.

Marcello Sabbatini

Villeneuve's last interview

" There's always been an agreement, for four years. Ever since I've been at Ferrari, at every race, Piccinini says there is no need for a fight if two cars are leading with no rivals close behind. In that case you need to ease off to avoid stress on the car and finish in that order."

- But there are those who say: how come Villeneuve, who's always battled and always raced without sparing himself, is asking for respect on this occasion?

"Let's put it this way: when I was behind Scheckter, in South Africa in 1979, I only passed him when he was in the pits. When I was Monza, and it was my last chance to win a race but the World Championship title was at stake [1979], I stayed behind Jody without trying to pass him. When I was at Monte Carlo, before the gearbox broke, Jody in front of me was going slowly because he had a huge lead and I never tried to pass him. This was the rule. But if I'm ahead and I slow down, but my teammate doesn't and he passes me, how do explain this? If you go and look at the times from Imola, whenever I was in the lead I was lapping at around 1.37.5/1.37.8 to save the car and fuel, after all we had a 45 s. lead over Alboreto. When Pironi took the lead, he started lapping at 1.35.5. Clear, isn't it?"

It was the Wednesday after the Santerno GP.

The two drivers had arrived at Zolder in Belgium on their own. Without their wives. The final duel was about to unfold. As in any Western worthy of the name. The weather during practice on the Saturday triggered the tragedy.

Then there were plenty weeping and recriminating. Everyone. But do you think that those who knew their conscience was not crystal clear ever admitted anything? Not even to themselves.

You can bet on it.

Marcello Sabbatini

■ Il 1982 parte male per Villeneuve con i ritiri del Sudafrica e del Brasile. Non va meglio a Long Beach, nonostante il terzo posto, perché poi arriva la squalifica per irregolarità tecnica. La prima gara in Europa, ad Imola, vede la rinuncia dei team inglesi che lasciano la gara in mano a Ferrari e Renault. Fuori le monoposto francesi, Villeneuve subisce all'ultimo giro il famoso sgarbo da parte del compagno Didier Pironi. La sua espressione sul podio è la conferma immediata di una delusione inaspettata e amara.

■ 1982 got off to a poor start for Villeneuve, with retirements in South Africa and Brazil. It was no better at Long Beach as after finishing the race in third place he was disqualified for a technical irregularity. The first European race at Imola saw the English teams "on strike", leaving the GRand Prix in the hands of Ferrari and Renault. With the French cars out, Villeneuve suffered the famous indignity of being passed by his teammate late in the race. His expression on the podium provided immediate confirmation of his bitter disappointment.

Alitalia
Agip
Marlboro
FAMS
Alitalia
Agip
PREMIO
SAN
GIACOBAZZI
NONANTOLA-MO
ITALY
GRANDI
VINI
GIACOBAZZI

Labatt
CERAMICHE
PIEMME

«Cosa c'è di più perdente e impotente della morte? Cosa di più innocuo e trascurabile? Uccide tutto quello che un uomo ha fatto nella sua vita? Distrugge, forse, il suo ricordo in chi l'ha amato? Le passioni e l'affetto che lo circondavano? No, non ci riesce. La morte è forte solo quando arriva. Vince un attimo, ma poi perde. Per sempre».

Marcello Mastroianni, dal film "Maccheroni", regia di Ettore Scola

"What could be more miserable and impotent than death? What more innocuous and negligible? Does it kill everything a man has done it his life? Does it, perhaps, destroy his memory for those who loved him? The passions and the affection that surrounded him? No, it cannot. Death is strong only when it arrives. It wins for a moment, but then loses. Forever."

Marcello Mastroianni, from the film "Maccheroni", directed by Ettore Scola

■ Zolder, 1978, una delle prime volte in cui Gilles affronta la curva Terlamenbocht. Quattro anni dopo sarà quello l'angolo finale del suo destino.

■ Zolder, 1978, one of the first times that Gilles tackled the Terlamenbocht corner. Four years later that would be where he met his fate.

Marlboro
Labatt
MICHELIN
Agip
12
HEUER
Agip
MICHELIN
Agip

La sfida a René

Nel finale Jabouille su Renault sta cogliendo la prima vittoria turbo, ma il mondo è in piedi per come Villeneuve e Arnoux si giocano il 2° posto. Il canadese ce la fa, a modo suo. A Digione c'è tutto Gilles: non vince ma lotta a vita persa e fa innamorare tutti. Per sempre.

Giudizio: STRAPPACUORE

Challenging René

Towards the end of the race, Jabouille in the Renault was about to record the first turbocharged GP victory, but the world was on its feet as Villeneuve and Arnoux duelled for second place. In his own unique style, the Canadian made it his. The very essence of Gilles was on show at Dijon: he didn't win but chased a lost cause and won the hearts of us all. Forever.

Verdict: ROMANTIC

1981 Spagna *Spain*

In fila e zitti!

Jarama non è una pista da turbo, ma a Gilles non frega niente. Si mette davanti, rema da re e per 80 giri non lascia spazio a nessuno. Dietro di lui il trenino dei rivali, i quali... *no pasaràn!* Alla fine i primi cinque in un secondo e l'Aviatore nella leggenda.

Giudizio: INSUPERABILE

Single-file!

Jarama was not a track for turbos, but Gilles didn't care. He clawed his way into the lead, slammed the door and kept it shut for 80 laps. His rivals were queuing up behind him but... no pasaràn! *The first five finished within a second of one another and the Aviator was part of the F1 legend.*

Verdict: INSUPERABLE

1981 Monaco *Monaco*

Miracolo turbo

Il turbo non aveva mai vinto a Montecarlo e la Rossa col sovralimentato era a zero vittorie. Gilles, guidando da dio delle corse, frantuma il duplice incantesimo infilzando la Williams di Jones fiaccata da guai tecnici, grazie a un sorpasso liberatorio come un gol.

Giudizio: STORICO

Turbocharged miracle

A turbo had never won at Monte Carlo and the turbocharged Ferrari had yet score its maiden victory. Driving like an automotive god, Gilles shattered the dual enchantment, passing Jones in a Williams hamstrung with technical issues in a gloriously liberating manoeuvre.

Verdict: HISTORIC

1981 Canada *Canada*

Con l'ala rotta

Gara bagnata e non fortunata per Gilles, che si ritrova con l'ala anteriore danneggiata e sull'attenti, a limitare la sua visibilità. No problem. Il canadesino spinge fino a che il pezzo salta e lui riprende la 126 Ck in controsterzo. Da brivido. Malgrado tutto, sarà 3°. Grande. E inimmaginabile oggi...

Giudizio: IMPENSABILE

With a broken wing

A wet and rather unlucky race for Gilles who found himself with a damaged front wing poking up vertically and obscuring his vision. No problem. The Canadian charged on until the wing broke away and he caught the 126 CK with a dose of opposite lock. Hair-raising. After all that, he finished 3rd. Stupendous. And unimaginable today...

Verdict: UNTHINKABLE

1979 Belgio *Belgium*

La rincorsa inutile

Nelle prime fasi si tocca con Regazzoni e pure con Scheckter, va ai box, cambia una gomma e il musetto, riparte 23esimo e dopo un recupero da grido supera Patrese ed è 3°. Ma nel finale va kappaò senza benzina. Stile

The thrill of the chase

Collisions with Regazzoni and then Scheckter early on, back to the pits to change a tyre and the nose, a restart in 23RD place and a charge through the field, passing Patrese to take 3RD. Before running out of fuel. Shades of Clark at Monza in '67...

EVIAN
CASINO ROYAL

MICHELIN
Labatt
27

1979 Olanda *Holland*

Arrendersi mai

Gilles si gioca le residue chance iridate e lotta con la Williams di Jones. Attacca senza tregua ma esce di strada. Rientra con la gomma posteriore sinistra dechappata e torna ai box con la sospensione a brandelli. Un giro che diventa simbolo di tenacia infinita.

Giudizio: INARRESTABILE

No surrender

Gilles was playing his last championship card and duelling with Jones in the Williams. He attacked continuously but slid off the track. He rejoined the race but his left rear tyre had lost its tread and as he made his way back to the pits the suspension broke up. A lap that has become a symbol of infinite tenacity.

Verdict: UNSTOPPABLE

1979 Usa West *USA West*

Da manuale

Poleman, dominatore in corsa, vincitore e autore del giro più veloce. Un martello, perfettamente a suo agio nelle insidie del temibile "cittadino" di Long Beach. Perché quando aveva la macchina giusta, Gilles vinceva e basta, senza show. "compensativi".

Giudizio: PERFETTISSIMO

Textbook

Pole position, leading from start to finish, victory and fastest lap. A hammer, perfectly at ease with the pitfalls of the fearsome Long Beach street circuit. Because when he had the right car, Gilles won. Full stop. With no need for a show.

Verdict: PERFECT

1979 Usa Est *USA Est*

Sovrano del Glen

È' il giorno di uno dei primi clamorosi errori del box Williams che fa perdere una ruota a Jones dopo un pit-stop. E Gilles al Watkins Glen, tra pioggia e rail, svernicia tutti. Da sovrano, su un tracciato per uomini veri, rifilando 48" ad Arnoux, secondo.

Giudizio: MACHO!

Monarch of the Glen

The day of one of the first great blunders in the Williams pits that led to Jones losing a wheel after a stop. And Gilles at Watkins Glen, between the rain and the rails, thrashed the field. A true monarch, on a track for real men, leaving Arnoux 48" adrift in second place.

Verdict: *MACHO!*

1978 Canada *Canada*

Il primo centro

La F.1 non ha mai corso a Montreal e il weekend è martirizzato dalla pioggia. Domina uno stratosferico Jarier su Lotus, ma un sasso gli buca il radiatore e Gilles coglie l'attimo. È il suo primo, storico e tanto agognato successo iridato.

Giudizio: OPPORTUNISTA

First victory

F1 was in Montreal for the first time and the weekend was all about the rain. A stratospheric Jarier in the Lotus dominated proceedings, but a stone holed his radiator and Gilles took his chance. His first, historic and eagerly awaited World Championship win.

Verdict: *OPPORTUNIST*

1977 Giappone *Japan*

L'Aviatore

Prime fasi al Fuji, Gilles esagera la staccata col tenace Peterson, al volante della Tyrrell P34 6 ruote. Poi la toccata, il volo del canadese e l'atterraggio, nel dramma, con due morti a bordo pista e Gilles illeso. Nasce così, drammaticamente, il mito dell'Aviatore: il piede più pesante del mondo da lì in poi è suo. Come a Imola 1980, quando battezza col suo nome la piega destrorsa prima della Tosa, stampandosi sulle barriere dopo un inizio di gara portentoso.

Giudizio: ESAGERATO

The Aviator

Early laps at Fuji, Gilles goes too far under braking alongside the tenacious Peterson at the wheel of the Tyrrell P34 six-wheeler. The two touch, the Canadian takes off, the dramatic landing leaving two dead trackside, but Gilles unhurt. Thus was born the legend of the Aviator: from then on, the world's heaviest foot was his. Like at Imola in 1980, when he baptised with his name the right-hand bend before the Tosa, slamming into the Armco after a stunning start to the race.

Verdict: *OVER-THE-TOP*

Agip
Labatt
Agip

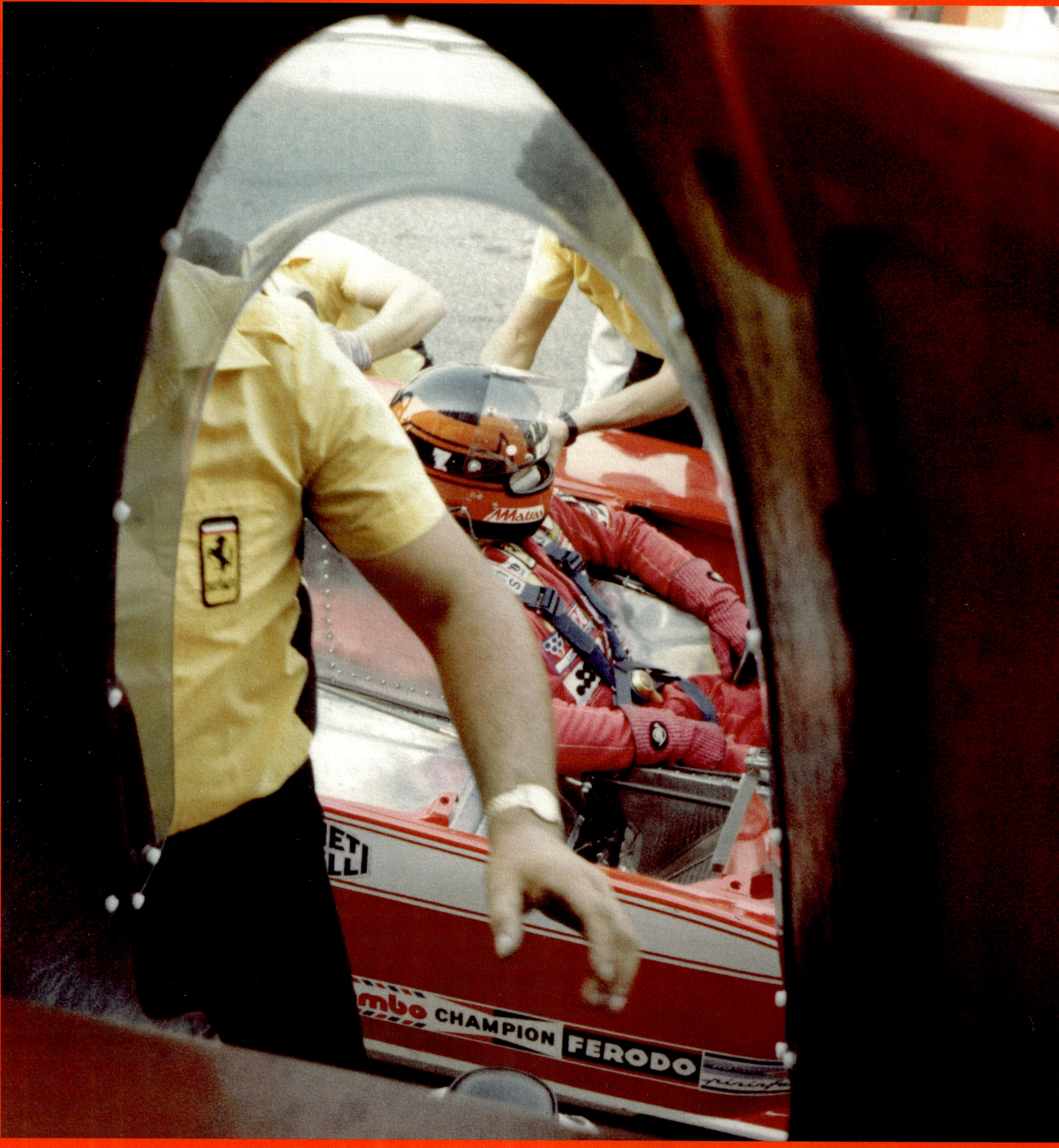
CHAMPION
FERODO

Gilles è restato a Maranello

E c'è anche chi non ha bisogno dei giubilei, per pensare a Gilles Villeneuve. Perché a Maranello, in fondo, il Canadese Volante continua ad esserci. Magari, invece che Aviatore, volatile nel ricordo. Ormai seppiato piuttosto che rosso sgargiante, l'espressione imbronciata come sempre, lo sguardo malinconico e la riga in mezzo a dividere di netto la pettinatura, perché lui proprio non era per le cose sfumate. Coi capelli, con le corse e con la vita.

Sono andato a cercarlo nel posto in cui lui ora è più che altrove, Gilles, nel West della Via Emilia, due passi fuori dal cancello del reparto corse Ferrari. Lui era il campione della gente e quella stessa gente comune, ora lo conserva nella memoria custodendo ricordi personalissimi, inediti e preziosi. Le tessere mancanti di un'iconografia troppo spesso patinata e ufficiale e quasi mai domestica e minimalista, come solo le cose vere sanno essere.

Luca Fornetti ora ha 51 anni, gestisce il negozio Shopping F.1, un vero santuario di libri e memorabilia da corsa, giusto dirimpetto alla Ferrari, ed è tifoso Ferrari da 52, quindi dal concepimento. E Villeneuve, anzi Villnof – come ne pronunciano il cognome i maranelliani doc – l'ha amato e lo ama più d'ogni altro pilota: «Ero uno di quelli che s'aggrappavano alle reti di Fiorano per gustarlo fino in fondo mentre girava. Il suo arrivo a Maranello per provare la Ferrari era un vero e proprio rito. Negli ultimi anni veniva in elicottero e non atterrava immediatamente in pista, no, svolazzava per il paese, come a dire a tutti che Gilles Villeneuve era tornato e stava per provare. Era il suo modo specialissimo di annunciarsi a noi tifosi, proprio come un prete che suona il campanone e chiama i fedeli a raccolta».

And Gilles stayed at Maranello

There are those who have no need of jubilees to remember Gilles Villeneuve. Because, in reality, the Flying Canadian is still around at Maranello. A memory, perhaps, of the Aviator. Now sepia rather than bright red, the expression pouting as ever, the melancholic gaze and that precise centre parting because he was never one for the ill-defined. Be it a hairstyle, racing or life itself.

I went to look for Gilles in the place in which he is now to be found more than elsewhere, in the Far West of the Via Emilia, a stone's throw from the gates of the Ferrari racing department. He was the champion of the people and those same ordinary people now jealously conserve their highly personal, previously unpublished and precious memories of him. The missing pieces of an iconography all too often slick and official and almost never domestic and minimalist, as only true things are.

Luca Fornetti is now 51 years old and runs Shopping F.1 a shop-cum-sanctuary of motor racing books and memorabilia, right in front of the Ferrari gates. He has been a Ferrari fan for 52 years, from conception onwards let's say. And, more than any other driver, he loved and loves Villeneuve, or rather Villnof as his surname is pronounced by the Maranello natives. "I was one of those who hung onto the fences of Fiorano to get as close as possible to him while he lapped. His arrival at Maranello to test a Ferrari was a veritable ritual. In the last couple of years he came by helicopter and rather than land directly at the circuit first he'd buzz the town, as if to say look, Gilles Villeneuve's back and he's about to practice. It was his very special way of letting us fans know, just like a priest ringing the bells to call the congregation to church."

MICHELIN
LONGINES
CHAMPION
Lockheed
personal

Prosegue Luca: «Il resto era spettacolo puro. Cose che non si vedevano neppure nei Gp e che nessun'altro dei piloti Ferrari s'azzardava a fare in prova. Perché Gilles non girava solo per esigenze di collaudo, no, dedicava sempre qualcosa ai tifosi. Il primo giro salutava il loggione e poi cominciava dei run, non risparmiando controsterzi e derapate che non avevamo mai visto fare a nessun altro dei campioni del Cavallino e mai più avremmo rivisto. Avere Gilles in pista era un evento da segnar rosso nel calendario, coi tifosi assiepati sulle reti o al traliccio. E per l'occasione arrivava sempre Pierino Bonacorsi, già portinaio della Ferrari, col suo furgone pieno di gadget, poster e bandiere, che in pochi minuti andavano a ruba in un'era in cui il merchandising della F.1 neanche esisteva».

Già, le immagini sacre del laicissimo culto del Santo Aviatore. «Faceva run di 3-4 giri – prosegue Luca Fornetti –, poi stava mezz'ora fermo ai box, quindi riprovava. In pista non stava mai dritto, sembrava galleggiare veloce in un mondo suo, in una dimensione stellare, eppure faceva un cenno e i tifosi esplodevano. Si sapeva, la vera particolarità di Gilles era che non correva per sé, correva per te».

La mamma di Luca, la signora Luisa Maccari, per tantissimi anni ha gestito un negozio sito proprio davanti alla Ferrari, che dapprima vendeva ricambi per moto fuoristrada Simonini e il suo ricordo del canadese è di quelli particolari assai: «Non aveva proprio niente del pilota arrivato, anche se lo era forse più di tutti. Tante volte a ora di pranzo se ne usciva dalla Ferrari e veniva a mangiare un toast al prosciutto e formaggio sul nostro prato, leggendo avidamente il Monello e l'Intrepido, che al tempo erano i settimanali a fumetti più venduti per i ragazzi. Lui li gustava per cercare di migliorare il suo italiano. Una volta, dopo una pole position, ottenne in premio una Vespa Piaggio e venne subito da noi dicendo che di serie il mezzo era troppo lento. Ci voleva qualcosa di speciale per farlo andare di più e così ordinò un kit con espansio-

Luca continues: "The rest was pure entertainment. Things you never saw, not even in the Grands Prix and which no other Ferrari drivers ever dared to do in testing. Because Gilles never lapped just for to test, no, he always dedicated something to the fans. On the first lap he'd salute the crowd and then start his runs with opposite lock and drifts the like of which we'd never seen any of the Prancing Horse greats attempt before and which we've never seen since. Having Gilles on track was an event to mark in red on the calendar, with the fans crammed up against the fences or on the pylon. And for the occasion the former Ferrari gatekeeper Pierino Bonacorsi would always arrive with his van full of gadgets, posters and flags, which in would sell out in no time in an era in which F.1 merchandising didn't even exist."

Right, the sacred images of the very lay cult of the Sainted Aviator. "He would do 3- or 4-lap runs", continues Luca Fornetti, "then he'd spend half and hour in the pits before coming out again. He was never straight on track, he seemed to be floating rapidly in a world of his own, in a stellar dimension, and yet he'd make a gesture and the fans would explode. You knew that what was truly special about Gilles was that he wasn't racing for himself, he was racing for you."

Luca's mother, Signora Luisa Maccari, has for many years run a shop in front of the Ferrari works that originally sold parts for Simonini off-road bikes and her memory of the Canadian is very unusual: "There was nothing of the driver about him when he arrived, even though he was perhaps more driver than any of them. He'd often come out of the Ferrari works at lunch time and eat a cheese and ham toastie on our grass, avidly reading Il Monello and L'Intrepido, which at that time were the best-selling weekly comics for kids. He devoured them to try to improve his Italian. Once, having grabbed pole position, he was given a Piaggio Vespa as a prize and immediately came to us saying that the standard scooter was too slow. It needed something special

ne, pistone e cilindro maggiorati, oltre a carburatori molto più aggressivi. Un altro al posto suo avrebbe lasciato perdere, invece lui trasformò il suo Vespino in un piccolo missile, perché lui qualsiasi cosa semovente voleva portarla al limite».
Gli anni passano e nel 1979 il negozio viene diviso: metà resta dedicata alle moto, l'altra metà viene riservata ai gadget della F.1 e la signora Luisa ha in Gilles un motivo di richiamo fenomenale: «Entrava e se ne restava in incognito, perché era un timido, ma all'occorrenza diventava scherzoso e burlone. Una volta entrò in visita un intero Ferrari Club e lui mi chiese di camuffarlo da inserviente, per provare a vedere quanto tempo avrebbero impiegato per riconoscerlo. Il gioco durò poco perché lo sgamarono quasi subito e lui disse: "va bene allora pago pegno firmando autografi a tutti". Non mi ha fatto quasi mai arrabbiare, tranne quella volta in cui con la sua Fiat 131 giunse fuori misura al parcheggio e finì sulla vetrina. Non ci potevo credere... Lui scese dalla macchina imperturbabile e mi disse: "Oh, merde, mi sa che stavolta sono arrivato lungo..."».
Le fa eco il figlio Luca: «Gilles come uomo era un tranquillo. Quando era a Maranello andava a letto alle 21. Mangiava al ristorante Cavallino o al Montana, dove spesso dormiva, e andava pazzo per i tortellini alla panna. Quando il nostro negozio è diventato "Shopping F.1", Villeneuve è diventato il nome, il poster e il gadget più venduto di tutti per quasi vent'anni, fino all'avvento in Ferrari di Schumacher. A Maranello gli volevamo bene davvero, eravamo tutti innamorati di lui. Era uno di noi, non se la tirava affatto e girava tranquillamente per il paese. Ed è incredibile rilevare che le prime forme di culto della personalità del campione furono spontanee, con ragazzi che realizzavano dei gadget "fai da te". Il paese era pieno di scritte inneggianti a lui, dei veri e propri murales che il tempo ha cancellato. Eppure l'amore per Gilles è restato intatto e con esso la famosa "Febbre" propagata dalle pagine dell'*Autosprint* di Marcello Sabbatini. E ora qui

to make it go harder and so I ordered a kit with a larger expansion chamber, piston and cylinder as well as more aggressive carburettors. Any one else would never have bothered, instead he transformed that little Vespa into a kind of road rocket because he always had to take anything with an engine to the limit."
The years passed and in 1979 the shop was split in two: half remained devoted to bikes, the other was instead reserved for F.1 gadgets and in Gilles, Signora Luisa had a phenomenal calling card: "He'd come in and remain incognito, because he was shy, but he could also become playful and funny. Once an entire Ferrari Club came him and he asked me to disguise him as a shop assistant to see how long they would have taken to recognise him. The game didn't last long because they unmasked him almost straightaway and he said: 'OK, I'll pay my debt by signing autographs for everyone.' He very rarely irritated me, except for that time when he misjudged the parking space with his Fiat 131 and ended up in the window. I could hardly believe it... He got out of the car and imperturbably said to me: 'Oh shit, looks like I'm a bit long this time...'."
Her son Luca joins in: "Gilles was a quiet man. When he was at Maranello he'd go to bed at 9 o'clock. He ate at the Cavallino restaurant or the Montana, where he often slept, and went mad for the tortellini with cream. When our shop became 'Shopping F.1', Villeneuve became the best-selling name, poster and gadget of all for almost 20 years, through to the advent of Schumacher at Ferrari. We all really loved him at Maranello. He was one of us, He never put on airs and graces and would wander happily around the town. It is incredible that the first forms of hero worship were spontaneous, with kids making their own gadgets. The town was full of graffiti about him, true murals that time has erased. That love for Gilles had remained however, and with it the famous 'Fever' propagated from the pages of Marcello Sabbatini's Autosprint. And now here even the young kids

lo conoscono e lo amano anche i ragazzi, quelli che l'hanno visto solo su youtube... Ancora oggi c'è un oggetto che lo riguarda che è considerato una specie di sacro Graal, ossia la Fiat 124 spider con cui lo stesso Gilles si spostava... Sono in tanti i collezionisti a cercarla, ma nessuno sa che fine ha fatto».

Giorgio Ferri dal 1975 al 2000 è stato responsabile della gestione del circuito di Fiorano e l'epopea Villeneuve l'ha vissuta da una postazione esclusiva e privilegiata, lui che in passato era stato anche segretario particolare di Enzo Ferrari. Grazie a Ferri è possibile scavalcare le reti su cui s'aggrappavano i tifosi e andare oltre, nel sancta sanctorum di Fiorano: «Gilles arrivò verso la fine della stagione 1977 – racconta Ferri – e salì sulla 312 T2 sotto gli occhi di un esterrefatto Mauro Forghieri. Ad ogni curva il canadese si girava e ad ogni giro spiattellava le gomme. Non c'era proprio nulla di dolce e graduale nella sua curva d'apprendimento. Lauda come limite aveva 1'11", Gilles iniziò il primo giorno con 1"13. Niente di che, eppure capimmo che era uno speciale perché si mostrò aggressivo fin dai primi metri. Non aveva alcun timore reverenziale per il mito Ferrari, nessuna paura. E poi per lui pista o strada erano la stessa cosa».

La mitografia stradale di Villeneuve è un capitolo che in genere non sta sui libri di storia, ma ad essa tutti i maranelliani sono molto affezionati: «La prima auto che ebbe in uso dalla Ferrari fu una Fiat 127, che presto cambiò per una 131 color sangue di bue e infine ottenne una Ferrari 308 arancione, proveniente direttamente dal reparto Esperienze. Per lui Fiorano, Via Giardini o l'autostrada, poco cambiava: era sempre al massimo. Una volta mi disse: "Io di cavalli dietro la schiena ne ho bisogno come l'aria che respiro", ed era vero».

Ferri analizza il cosiddetto metodo Villeneuve: «In quell'epoca non c'era la telemetria, ma la Ferrari era forse l'unica

know his name and love him, despite only having ever seen him on YouTube... Still today there's an object associated with him that is considered a kind of holy grail. The Fiat 124 Spider that Gilles himself used to drive around... There are many collectors on the look out for it, but no one knows what happened to it."

Between 1975 and 2000, Giorgio Ferri was responsible for running the Fiorano circuit and he experienced the Villeneuve era from an exclusive and privileged vantage point. Previously he had also been Enzo Ferrari's special secretary. Thanks to Ferri, we can go beyond the fences on which the fans hung and venture into the inner sanctum of Fiorano: "Gilles arrived towards the end of the 1977 season", recounts Ferri, " and climbed into the 312 T2 in front of a dumbstruck Mauro Forghieri. The Canadian spun at every corner and flatted the tyres on every lap. There was literally nothing sweet and gradual about his learning curve. Lauda's limit was 1.11, Gilles began that first day with a 1.13. Nothing to write home about yet we could see he was special by the way he was aggressive from the very first metres. He had no reverential awe of the Ferrari legend, no fear. And for him a track or a road were one and the same."

Villeneuve's road-going antics are a chapter in the legend that does not usually appear in the history books, but all the Maranello locals have affectionate recollections: "The first road car he was given by Ferrari was a Fiat 127 which he soon changed for a ox-blood red 131 before finally obtaining an orange Ferrari 308 directly from the testing department. For him little changed whether he was at Fiorano, in Via Giardini or on the autostrada: he was always on the limit. He once said to me: 'I need horse-power under me like I need the air I breath.' And it was true."

Ferri analyses the so-called Villeneuve method: "At that time there was no telemetry, but Ferrari was perhaps the only outfit in

vespa

Casa al mondo che andava vicino ad avere dati così peculiari, visto che avevamo diviso la pista di Fiorano con 45 cellule fotoelettriche e quindi ogni giro poteva essere scomposto in infiniti segmenti tramite i quali era possibile studiare dettagliatamente dove si perdeva e dove si guadagnava, tornata dopo tornata. Ebbene, posso dire che Gilles era uno dei piloti più meticolosi e attenti nello studio delle sue prestazioni, che lui sezionava in modo certosino alla ricerca dei punti forti e soprattutto degli aspetti migliorabili delle sue prestazioni. Con le strisciate dei tempi di settore in mano si trasformava, diventava uno scienziato nel suo laboratorio. Gilles a Fiorano aveva una vera e propria adorazione per il record, inseguiva il primato assoluto della pista più di ogni altro pilota che abbia mai militato per la Ferrari. Il bello – prosegue Ferri – è che in strada restava lo stesso. Una volta lo vidi al settimo cielo, gli chiesi il perché e lui mi spiegò che era riuscito a migliorare di cinque minuti il suo primato personale da Montecarlo a Fiorano. Era fatto così».

Ferri ricorda come fosse oggi l'ultimo giorno in cui vide Gilles: «Era il 3 maggio 1982, la sessione di prova di shakedown per la 126C2 da spedire in Belgio. Gilles arrivò con l'elicottero, atterrò in pista e percorse 15 giri, poi scese. Era nero. Venne nel mio ufficio e si limitò a dire una frase, dedicata a Pironi: "Ho perso un amico, sono stato tradito". Poi se ne andò direzione Zolder. Non lo rividi mai più». Tra coloro che dal 1977 al 1982 per le strade del circondario di Maranello incontrarono Gilles con la possibilità di creargli problemi, c'era il capo dei vigili urbani, Gianni Alboni.

«Già – spiega Alboni – pare facile... Ma in realtà le cose non andarono per il verso sbagliato, perché Gilles era troppo amato. Fatto sta che un bel giorno, nel 1981, quand'ero ancora agente motociclista, gli vidi fare la cosa più strana cui ho mai assistito nei miei decenni di sorveglianza della circolazione stradale. Me ne stavo appostato a un passo dal distributore,

the world that came close to having that kind of data, given that we had divided the Fiorano track with 45 photoelectric cells and therefore every lap could be broken down into infinite segments through which you could study in detail where you lost and where you gained time lap by lap. Well, I can say that Gilles was one of the most meticulous and attentive drivers in studying his lap times, which he painstakingly dissected in search of the strong areas of his performance and above all those in which he could improve. With the timing sector strips in his hand he transformed into a scientist in his laboratory. At Fiorano Gilles had an adoration for the lap record and chased it harder than any other driver ever to have raced for Ferrari. What was great", continues Ferri, "was that on the road it was the same. I once saw him in seventh heaven and when I asked him why he explained that he had managed to better by five minutes his personal record from Monte Carlo to Fiorano. That's how he was."

Ferri remembers as if it were yesterday the last time he saw Gilles: "It was the 3rd of May 1982, the shake down session for the 126 C2 to be sent to Belgium. Gilles arrived by helicopter, landed at the track and completed 15 laps before getting out of the car. He was furious. He came into my office and restricted himself to a single sentence, aimed at Pironi: 'I've lost a friend, I was betrayed.' Then he left for Zolder. I never saw him again."

Among those who on the roads around Maranello between 1977 and 1982 might have encountered Gilles and could have caused him problems was the head of the local police, Gianni Alboni.

"Sure, it might seem easy..." explains Alboni. "But in reality things never got out of hand because Gilles was too well-liked. In fact on day in 1981, when I was still a motorcycle patrolman, I witnessed the strangest episode I have ever seen in my decades of overseeing traffic. I was stationed near the petrol station at the entrance to Maranello, when coming from Ubersetto

all'entrata di Maranello, quando da Ubersetto udii chiaramente una macchina che stava procedendo col motore a mille e a velocità degna di nota. Ancora non c'era il limite di velocità, che sarebbe stato aggiunto più tardi, però il guidatore stava esagerando e appena lo vidi gli esposi deciso la paletta. L'uomo alla guida non si scompose, entrò deciso nello spiazzo del distributore e, con mio sommo sgomento, cominciò una serie incredibile di burn-out, al che pensai: "Questo è matto sul serio" e mi avvicinai per chiedergli patente e libretto. Fui allora che a bordo della Fiat 131 riconobbi Gilles Villeneuve e mi venne subito da sorridere. "Scusi – mi fece lui –, vediamo di non fare troppo rumore, perché qui in macchina ho una persona che sta riposando". Per quanto possa sembrare incredibile, mi resi conto che sul sedile del passeggero c'era steso Didier Pironi il quale stava dormendo della grossa. Dopo tutto quel baccano e quei testacoda, il francese si limitò a sospirare girandosi dall'altra parte, russando più di prima... Cosa potevo fare? Avevo vissuto in esclusiva un pezzo di storia delle corse, mica potevo multarlo. Mi limitai a sorridergli e evitai anche di dirgli d'andar piano, perché come tutti tifavo per lui e a me Gilles piaceva come era. Lui, ovvio, ripartì sgommando...».

Il finale spetta a Brenda Vernor, la segretaria per antonomasia di Enzo Ferrari, britannica, giunta alla corte del Drake come compagna di Mike Parkes e ben presto arruolata nella truppa del Cavallino, bucando le epoche: «Gilles era un piccolo grande uomo. Un ragazzo stupendo, semplice e vero. Una volta, in agosto, faceva fatica a trovare un albergo aperto e mi chiese d'ospitarlo a casa mia. Okay, perché no? Tanto i suoi gusti li conoscevo a memoria. Tortellini alla panna, ovvio, il must, e poi filetto e patate fritte. Era il suo menù fisso. Nei momenti di pausa studiava per l'esame di patente per l'elicottero e a colazione se la cavava con un semplice bicchiere d'acqua. Era un introverso, gli dava perfino fastidio la notorietà e non

I clearly heard a car proceeding at a rate of knots with its engine screaming. At that time there was no speed limit, that was introduced later, but the driver was going too far and as soon as I saw I indicated for him to stop. The man at the wheel didn't turn a hair, swerved into the petrol station and incredibly he began a series of donuts... I thought to myself, 'he's off his head' and approached to ask him for his documents. It was then that at the wheel of the Fiat 131 I recognised Gilles Villeneuve and I had to smile. 'Look, he said, let's keep it quiet because I got some one here in the car who's sleeping.' As incredible as it may seem, there in the passenger seat was Didier Pironi who actually was fast asleep. After all that all that noise and those spins, all the Frenchman did was turn to other side and snore louder than ever... What could I do? I'd had an exclusive encounter with a piece of motor racing history, I could hardly fine him! I just smiled and didn't even bother telling him to slow down because I was a fan like everyone else and I liked Gilles just the way he was. Obviously, he shot off again, wheels spinning..."

The last word goes to Brenda Vernor, the secretary par excellence to Enzo Ferrari, and English woman who had entered into the orbit of the Drake as the companion of Mike Parkes and was soon enrolled in the company of the Prancing Horse, surviving diverse eras: "Gilles was a great little man. A wonderful boy, simple and true. There was one time, in August, he was having trouble finding a hotel that was open and asked he could stay with me. Okay, why not? After all, I knew his tastes by heart. Tortellini with cream, of course, then fillet steak and chips. That was his fixed menu. During his time off he would study for his helicopter pilot's license and breakfast was nothing more than a glass of water. He was introverted, he was disturbed by his fame and didn't like crowds. He was still a provincial boy who liked gestures of affection and demanded that I washed his overalls and clothes, which of course I did. Outside mealtimes he would go mad for anything sweet, especially KitKats and

amava i bagni di folla. Era restato un ragazzo di provincia, gradiva gesti d'affetto e da me pretendeva e ovviamente otteneva che gli lavassi la tuta e gli indumenti. Fuori dai pasti andava pazzo per i dolci, in particolare le cioccolate KitKat e i biscotti. Tanto che una volta s'arrabbiò molto perché disse che la sua Fiat 131 proprio non andava e la facemmo subito ricoverare al reparto corse, dove trovarono che sotto l'acceleratore era finita della cioccolata e parecchie monetine... ecco perché il pedale non andava più a fondo! Sì, in macchina era un po' trasandato ma poi a casa coltivava un ordine semplicemente perfetto. Insomma, aveva le sue particolarità, ecco».

Brenda pensa che la coppia formata da Gilles Villeneuve e da Jody Scheckter resta nella storia come la meglio amalgamata della Ferrari degli anni ruggenti: «Come compagni di squadra erano fatti l'uno per l'altro. Tanto era razionale Jody, che era ormai diverso dal pilota spaccatutto del suo debutto in F.1, tanto istintivo e irruento Gilles. Maturo il primo, affettuoso l'altro e scherzosissimi quand'erano insieme. Al ristorante Cavallino non volevano mai pagare e una volta per ricordo e a mo' di saldo lasciarono un alettone della T4 con su scritto "fuckin' terrible food", cioè "il vostro cibo è fottutamente terribile", firmato Gilles Villeneuve & Jody Scheckter. Devo dire che nel privato Gilles non aveva proprio nulla di quell'aria malinconica che spesso emerge dalle immagini o dai filmati dell'epoca. Con me era pieno di verve, una vera peste. Quando passava per entrare nell'ufficio dell'ingegnere Enzo Ferrari, adorava rubarmi il nastro della macchina da scrivere, oppure chiudermi tutti i cassetti e nascondere le chiavi, così per riaprirli poi ero costretta a richiamarlo disperata...».

Ovviamente anche Brenda ebbe l'infelice idea di fare da passeggero allo scatenato canadese nella circolazione stradale: «Accadde una sera che Forghieri ci aveva invitato tutti a cena a Piumazzo e io mi ritrovai in macchina con Gilles, che su per

biscuits. There was one time he was furious with his Fiat 131 saying that it just wouldn't go. We had it looked at in the racing department where they found a pile of coins and sticky chocolate under the accelerator, which meant he couldn't press the pedal to the floorboards! Funnily enough, his car might have been a mess, but at home he was simply perfect. He had his idiosyncracies, let's say."

Brenda thinks that the pairing of Gilles Villeneuve and Jody Scheckter remains the best matched in the history of the Ferrari of the Ferrari of the golden age: "As teammates they were made for one another. As rational as Jody was, then completely different to the bullish driver he was when he made his F.1 debut, Gilles was equally instinctive and impulsive. While the former was mature, the latter was affectionate and highly playful when they were together. At the Cavallino restaurant they never wanted to pay and I remember one time when as a memento and as a way of settling the bill they left a rear wing from the T4 with written 'fuckin' terrible food' signed Gilles Villeneuve and Jody Scheckter. I have to say that in his private life there was nothing of the melancholic air that frequently emerges from the images and film clips of the era. With me he as always full of verve. A real pest. When he passed me on his way to Enzo Ferrari's office, he loved stealing the ribbon from my typewriter or locking all my desk drawers and hiding, Obliging me to desperately call him back to open them for me..."

Obviously Brenda also had the unfortunate idea of being the Flying Canadian's passenger on the road: "One evening Forghieri had invited us all to dinner at Piumazzo and I found myself in the car with Gilles, who on those mountain roads was such incredible things I was quite surprised to be still alive at the end of the evening... I remember that when we arrived I just slammed the door saying, 'You're crazy.' As usual, he laughed and laughed... The fact remains that a few days later he called because

GILLES
VILLENEUVE

quelle strade di montagna si mise a fare cose strabilianti, tanto che a fine serata mi meravigliai molto di essere ancora viva... Ricordo che alla fine sbattei lo sportello dicendogli semplicemente: "Tu sei scemo". Lui, come al solito, rideva, rideva... Fatto sta che pochi giorni dopo mi chiamò perché doveva andare a Bologna e voleva compagnia. Niente da fare, gli dissi: "Sai quanto ti voglio bene, ma vacci da solo e amici come prima". Con gli anni era diventato un vero divo. Mi faceva curare la sua posta e non era facile, perché riceveva un numero di lettere impressionante e soprattutto di cartoline nelle quali gli chiedevano l'autografo, che io gli obbligavo a firmare, una a una e lui si prestava di buon grado».

La parte finale della vita del canadese occupa ovviamente un posto particolare nei ricordi di Brenda Vernor: «Fu un vero peccato quello che accadde tra lui e Didier Pironi. Attenzione, il francese era un vero signore, un altro ragazzo stupendo, quindi tutti noi vivemmo la cosa comprendendo che il seguito sarebbe stato molto spiacevole e lo fu, anche se l'epilogo lasciò chiunque senza parole, me compresa. Ricordo che Gilles si limitò a dirmi in privato: "Io a quello non gli parlerò mai più"».

Eppure il finale per Brenda non ha solo un sapore triste, ma contiene una nota quasi sorprendente: «In realtà, per uno strano scherzo del destino, poco prima di morire, Gilles doveva spedirmi un certificato, che mi arrivò quando la tragedia di Zolder era già successa. Ebbene, nell'intestazione di quella lettera lui scherzosamente mi chiama "my love" e nell'indirizzo invece di scrivere Brenda Vernor, presso Ferrari, lui scrive "Ferrari, presso Brenda Vernor". Non so, è come se la sorte abbia fatto sì che lui, malgrado la morte, abbia saputo strapparmi ancora un sorriso. E per me, e credo per tutti coloro che lo hanno conosciuto davvero, ancora oggi, tanti, tanti anni dopo, le cose stanno proprio così. È sufficiente pensare a Gilles e gli occhi s'illuminano, tanto che, pur con immensa nostalgia, quel sorriso per un attimo ritorna».

he had to go to Bologna and wanted some company. No way, I told him: "You know I love you, but go on your own and I'll see you when you get back." Over the years he had become a true star. He had me take care of his mail and it wasn't easy as he received an incredible number of letters and above all postcards, all asking for an autograph which I obliged him to sign, one by one, which he accepted with good grace."

The final part of the Canadian's life naturally occupies a particular place in Brenda Vernor's recollections: "It was a real shame what happened between him and Didier Pironi. Believe me, the French driver was a true gentleman, another fabulous boy, so we all experienced that thing knowing that the follow-up would be extremely unpleasant, and it was, even though the epilogue left everyone speechless, including me. I remember that Gilles restricted himself to saying to me in private, 'I'm never going to speak to him again.'

And yet the finale for Brenda has not only a sad flavour but also an almost surprising note: "In reality, in a strange twist of fate, just before dying Gilles had to send me a certificate, which arrived after the Zolder tragedy had already occurred. Well, in the heading to that letter he jokingly calls me 'my love' and in the address instead of writing 'Brenda Vernor at Ferrari', he wrote 'Ferrari, at Brenda Vernor'. I don't know, it's as if fate ensured that despite his death, he was still able to get a last smile out of me. And for my part, and I believe for all those who really knew him, this is still the case today, so many years later. We just have to think about Gilles for our eyes to light up and, with immense nostalgia, that smile comes back for a moment."

SMEG
L'ANTILEGGENDA DI
NUVOLARI
NUVOLAR

Trent'anni dopo a Erbè, Gilles sulle orme di Nuvolari

Erbè, provincia di Verona, 6 maggio 2012. René Arnoux guarda la gente, deglutisce e confida: «No, non è un anniversario. Siamo qui per un compleanno. Perché Gilles è vivo».

Poi abbranca una mega-boccia di bianchetto, la stappa, affianca Joann – la moglie dell'Aviatore, venuta in aereo dal Canada insieme alla figlia Mélanie –, e innaffia il mondo come a sublimare una vittoria.

«È stato il mio più grande amico della F.1 – spiega René – e per me è un onore celebrarlo. L'uomo Gilles era onesto, sincero, generoso e come pilota una goduria. A volte m'è capitato di ritirarmi e di restare a bordo pista solo per gustare la sua corsa».

Be', è buffo pensare che a Digione '79, fregandoti il secondo posto, t'ha portato nella leggenda. «M'ha reso immortale, come lui lo è ora. Sai, oggi più di ieri, i tifosi mi chiedono di parlare del finale di Digione, in media cinque volte a settimana...».

Gli fa eco Mauro Forghieri: «A fine corsa andai a complimentarmi con Jabouille che aveva ottenuto la prima storica vittoria del turbo in F.1 e trovai Jean Pierre depresso. Mi disse: "Quei due matti là, con quello che hanno fatto, m'hanno reso invisibile, oggi. Nessuno si ricorderà di me". Aveva ragione». «Gilles era spietato con se stesso, non con gli altri, spiega Arnoux. Ti potevi fidare. Dava il massimo senza farti rischiare niente. Ma se oggi due piloti provassero a ripetere Digione '79, li metterebbero in galera».

Poi il 63enne di Grenoble salta sulla 312 T4 della collezione Donelli Vini, carezzato dallo sguardo del proprietario

Thirty years later at Erbè, Gilles in the footsteps of Nuvolari

Erbè, Province of Verona, the 6th of May 2012. René Arnoux looks at the people, swallows and confides: "No, this isn't an anniversary. We're here for a birthday. Because Gilles is alive."

Then he grabs a mega-bottle of spumante, pops the cork and standing alongside Joann – the wife of the Aviator who has flown from Canada with her daughter Melanie – sprays the world as if celebrating a victory.

"He was my greatest friend in F1", explains René, "and for me it's an honour to celebrate him. Gilles the man was honest, sincere and generous and as a driver he was just fabulous. On occasion, if I'd been forced to retire I'd stay at the side of the track just to enjoy his driving."

Well, it's funny to think that at Dijon in '79, in stealing that second place, he made you part of his legend. "He made me immortal, like he is now. You know, today even more than in the past, the fans ask me to talk about that finale in Dijon, on average five times a week..."

Mauro Forghieri chips in, "At the end of the race I went to congratulate Jabouille who had obtained the first historic win for a turbocharged car in F1 and found him depressed. He said to me, 'Those two crazy kids over there, with what they did, they've made me invisible today. No one's going to remember me.' And he was right."

"Gilles was ruthless with himself, not with the others", explains Arnoux. "You could trust him. He gave everything without risking anything. But today, if two drivers tried to repeat Dijon '79, they'd throw them in jail."

rrari

TOYOTA
Marlboro
Agip
GIACO BAZZI
AEG

Labatt
Gilles
Villeneuve

Jonathan Giacobazzi e sotto le cure dei meccanici d'allora, tra i quali Scaramelli, Borsari e Corradini, il 12 cilindri boxer torna a ruggire.

Joann si morde le labbra, poi sussurra: «Mio Dio, è tutto come allora. L'odore, il rumore, la macchina. Con gli stessi uomini che la toccano. Riconosco movimenti e mimica. È un balletto che credevo d'aver dimenticato e invece eccolo riportarmi indietro, come a viaggiare nel tempo».

Da Castel d'Ario, paese natale di Tazio Nuvolari, un'immensa colonna s'avvia festante, con in testa un'auto della polizia a fare da safety alla Rossa di Arnoux, frangiflutti d'un mare di Ferrari stradali che s'increspa emettendo onde adrenalinicamente pluricilindriche.

L'arrivo a Erbè, sede del Gilles Villeneuve Club che con il dinamico presidente Silvestris ha organizzato l'evento, è trionfale. Giusto accanto all'aereo F.104 che il Canadese Volante sfidò a Istrana, ora trasformato in monumento che punta il cielo. Mélanie, la figlia di Gilles, è entusiasta: «L'elaborazione della presenza di mio padre in me è psicanaliticamente contrassegnata dalla scritta "lavori in corso". Avevo 8 anni quando morì a Zolder e da 30 lo scopro giorno per giorno, negli occhi e nei racconti della gente. In questo momento lo sto sentendo vicino come non mai».

La mamma Joann aggiunge: «È incredibile. La Ferrari ha vinto tanto, tutto, nel dopo Gilles, eppure il tifoso italiano ha lui nell'anima, in un cantuccio speciale. E gli volete più bene voi che in Canada, dove non c'è la stessa cultura per le corse. Di questo dovete essere orgogliosi».

Parlare con entrambe è un'occasione speciale. Se ciascuna dovesse scegliere un solo pilota per fondare un team di F.1, chi

Then the 63-year-old from Grenoble climbs into the 312 T4 belonging to the Donelli Vini collection, under the protective gaze of the owner Jonathan Giacobazzi. Thanks in part to the ministrations of the mechanics of the era, including Scaramelli, Borsari and Corradini, the 12-cylinder boxer, roars into life.

Joann bites her lips and then whispers: "My God, it's just like it was back then. The smell, the noise, the car. With the same men touching it. I recognise the movements and the gestures. It's a dance I thought I'd forgotten and instead here it is taking me back in time.

From Castel d'Ario, the hometown of Tazio Nuvolari, an immense parade sets off, led by a police "safety" car ahead of Arnoux's Rossa, fronting of a tide of road-going Ferraris that ripples with adrenaline-pumping multi-cylinder howls.

The arrival at Erbè, home of the Gilles Villeneuve Club that with its dynamic president Silvestris has organized the event, is triumphant. Right alongside the F104 fighter which the Flying Canadian challenged at Istrana, now transformed into a monument pointing into the sky. Melanie, Gilles' daughter, is enthusiastic: "For me the processing of the presence of my father is psycho-analytically labelled 'Work in Progress'. I was 8 years old when he died at Zolder and for the last 30 years I have been discovering him day by day in people's eyes and stories. At this moment I feel closer to him than ever."

Her mother Joann adds: "It's incredible. Ferrari has won so much, everything, after Gilles, and yet the Italian fans still have him their hearts, in a special corner. And you love more than they do in Canada which doesn't have the same motor racing culture. You should be proud of this."

Talking to both of them was a special occasion. If each could choose a single driver to for a new F1 team who would they

TOTAL
Compétition
Gilles Villeneuve

FIAT

Gilles Villeneuve

acing is life!
Anything that happens
efore or after is just waiting
Steve McQueen

Creazioni Orafe
MICHELIN
12
Agip MICHELIN Agip

prenderebbe, Gilles o il figlio Jacques? Joann fa la team principal: «Per lo spettatore prenderei Gilles, per vincere il Mondiale farei firmare Jacques». Mélanie puntualizza: «Ecclestone impone team di due macchine, noi schieriamo entrambi».
Nei giorni scorsi l'ex pilota John Watson ha dichiarato che Gilles non fu gestito bene dalla Ferrari. Se il suo temperamento fosse stato imbrigliato da un team inglese, avrebbe vinto di più, rischiando meno. Cosa ne pensate? Mélanie: «Non so cosa passava per la testa a Watson quando ha detto questa cosa».
La mamma Joann interviene: «Do una risposta più tecnica. "Wattie" deve sapere che la riprova che la sua opinione non è giusta l'abbiamo già: in Formula Atlantic Gilles correva con un team di cultura anglosassone, severissimo e a corto di soldi, che gli metteva grande pressione perché razionalizzasse lo stile. Lui niente, era come era: prendere e lasciare. Voleva vincere sempre, essendo il più veloce ogni giro, in ciascuna curva. Tutti lo amano perché sanno che il suo resta il vero spirito delle corse. E in Spagna 1981 dimostrò al mondo che la cosa poteva funzionare».
E funziona anche la mattina del 6 maggio 2012 tra Castel d'Ario e Erbè – senza traccia di paddock blindati –, con tanta gente a stringersi attorno al ricordo di uno dei simboli belli del motorsport.
E prima che tutto finisca, un bambino chiede l'autografo a Mauro Forghieri, l'ingegnere sorride e gli dice: «Volentieri e ti faccio pure una Ferrari di F.1, guarda...». "Furia" dà l'ultimo ritocco e aggiunge il numero 27. Il bimbo se ne va saltellando di gioia.
Trent'anni dopo, in fondo, nulla è cambiato. I monelli vanno pazzi per Gilles mentre Forghieri disegna Rosso 27. A volte per fermare il tempo basta muovere il cuore. E tu l'hai sempre saputo, Aviatore.

take, Gilles or his son Jacques? Joann plays the role of the team boss: "For the spectators I'd take Gilles, to win the championship title I'd get Jacques to sign." Melanie points out: "Ecclestone demands teams with two cars; we'd take both."
The former driver John Watson had recently declared that Gilles had not been managed well at Ferrari. If his temperament had been reined in by an English team he would have won more, risking less. What do you think? Melanie: "I don't know what was going through Watson's mind when he said this."
Her mother, Joann, intervenes, "I'll give a more technical answer. 'Wattie' has to know that we already have proof that his opinion is incorrect: in Formula Atlantic Gilles raced for a team with an Anglo-Saxon background; extremely strict and short of cash and which put great pressure on him to rationalize his style. He didn't pay the slightest attention, he was how he was: take him or leave him. He always wanted to win, being the fastest on every lap, through every corner. Everyone loves him because they all know that his is the true spirit of racing. And in Spain in 1981 he showed the world that it could work."
And it also worked that morning of the 6TH of May 2012 between Castel d'Ario and Erbè, with not a trace of an ironclad paddock, but crowds of people coming together around on the finest symbols of motorsport.
And before it all finished, a child asks for an autograph from Mauro Forghieri; the engineer smiles and says to him, "Of course, and I'll even draw you a Ferrari F1, look..." "Furia" fills in the last details and adds the number 27. The little boy leaves, jumping for joy.
Thirty years, nothing has really changed. The kids are still mad for Gilles and Forghieri is still drawing Red 27s. Occasionally all it takes to stop time is a heartbeat. Something you always knew, Aviator.

Cabala magica

Così distanti come filosofia di vita, Gilles e il figlio Jacques sono accomunati, nelle loro storie di piloti, da piccole sorprendenti coincidenze apparentemente senza significato, ma non prive di fascino per chi ama scovare dei segnali precisi nelle bizzarrie del caso.

Delle schegge balenanti che, quasi fossero specchietti sapientemente usati, inviano messaggi che fanno un po' sorprendere e pensare.

Sia Gilles che Jacques, vivono una determinante esperienza in F. Atlantic. E proprio in F.Atlantic entrambi vincono la loro prima gara negli Stati Uniti, quella che li lancia, sullo stesso circuito, ossia Road Atlanta, a 18 anni di distanza ('75-'93).

Padre e figlio portano sulla tuta le insegne della Players, nota marca di sigarette.

In seguito le carriere prendono vie diverse. Gilles va in F.1, mentre Jacques si dà alla Indycar. E, guarda caso, nella prima stagione completa in F.1 (anno 1978) Gilles porta stampigliato sul muso il numero 12, lo stesso di Jacques alla sua prima annata in F.Indy (anno 1994).

Andiamo avanti. All'inizio del 1995 la Indycar assegna a sorteggio i numeri e a Jacques Villeneuve tocca incredibilmente il leggendario «ventisette», lo stesso contrassegno che ha suo padre nel 1981, l'anno dei trionfi strappacuore a Monaco e a Jarama, e nel 1982, quando la storia del canadesino volante si chiude con l'esaltante cavalcata del Gp di San Marino, la polemica con il compagno di squadra Pironi e il tragico schianto di Zolder.

The magic circle

So distant in terms of lifestyle, Gilles and his son Jacques share, in their histories as drivers, numerous and apparently insignificant details that are nonetheless fascinating for those who love digging out precise signals from the chaos of chance.

Flashes that, as if they were skilfully manipulated mirrors, send messages that surprise us and make us think.

Both Gilles and Jacques enjoyed significant experience in Formula Atlantic. It was in Formula Atlantic that both won their first race in the United States, the one that launched them both, Road Atlanta, 18 year apart ('75-'93).

Father and son both carried the well-known Players cigarettes logo on their overalls.

Subsequently their careers were to take different paths. Gilles went into F1, while Jacques devoted himself to Indycar. And, look here, in his first full season in F1 (1978) Gilles carried the number 12 on his car, the same that Jacques was assigned in his first year in Indy (1994).

Let's go on. Early in 1995, the Indycar authorities distributed the race numbers and incredibly Jacques Villeneuve was assigned the legendary 27, the number his father carried in 1981, the year of the heart-warming triumphs of Monaco and Jarama, and in 1982, when the story of the Flying Canadian concluded with that exciting charge in the San Marino GP, the dispute with his teammate Pironi and the tragic epilogue of Zolder.

And Jacques took full advantage of that magical 27, winning the Indy 500 that year and taking the Indycar championship title.

Mobil 1
GOODYEAR
Rothmans
West
BOSS
Hakkinen

E proprio con quel magico «ventisette», Jacques sbanca, sempre durante il 1995, la 500 Miglia di Indianapolis e si aggiudica il campionato di F.IndyCar.
E, udite udite, entrambi percorrono i primi chilometri al volante di una F.1 sullo stesso circuito: accade a Silverstone, in Inghilterra. Gilles nel luglio '77 con una McLaren, Jacques nell'agosto '95 con una Williams.
E che dire della "maledizione giapponese"? A fine '77 Gilles debutta in Ferrari e, in ottobre, al Gp del Giappone (il suo secondo in Rosso) si tocca con Peterson e vola tra il pubblico. Un incidente agghiacciante che provoca la morte di due spettatori. Anno 1996, di nuovo in ottobre. Jacques disputa per la prima volta il Gp del Giappone e si gioca il mondiale con Hill, ma al 37. giro la ruota posteriore destra si stacca e oltrepassa la prima rete di protezione. Il pneumatico sembra destinato a finire tra il pubblico, ma viene fermato dall'ultimo tratto di rete posto a protezione della folla. Un piccolo miracolo, ma il mondiale è perso.
E siamo alla cronaca dell'apoteosi iridata di Jacques, nel 1997, il culmine della sua carriera. In Spagna Gilles coglie nel 1981 l'ultima vittoria della sua carriera in F.1, in un epico Gp in cui tra i primi cinque piloti si registra uno scarto di 1"24.
E proprio in Spagna, sedici anni dopo, stavolta nel Gp d'Europa a Jerez de la Frontera, Jacques conquista il titolo mondiale finendo al terzo posto.
Cosa dire? Tempo fa qualcuno ha scritto che il caso non esiste: definiamo caso un ordine, una logica misteriosamente lucida e precisa che non riusciamo a comprendere del tutto, ma solo a intuire.
Forse stavolta è davvero così.

And, hear this, both completed their first kilometres at the wheel of a F1 car on the same circuit: it happened at Silverstone in England. Gilles in the July of '77 with a McLaren, Jacques in the August of '95 with a Williams.
And what can we say about the "Japanese curse"? Gilles made his Ferrari debut in late '77 and in October, at the Japanese GP (his second with the Rosse) he collided with Peterson and flew into the crowd. A terrifying crash that caused the death of two spectators. 1996, again in October. Jacques was competing in his first Japanese GP and racing for the championship title with Hill, but on lap 37 his right rear wheel detached and flew beyond the first retaining net. The tyre looked like it was heading for the crowd but was caught by the last section of net. A minor miracle, but the title was lost.
And now we reach Jacque's apotheosis in 1997 as he crowned his career. In Spain in 1981 Gilles scored the last victory of his F1 career, in an epic Grand Prix in which just 1.24 seconds covered the first five finishers.
And again in Spain, 16 years later, this time in the Grand Prix of Europe at Jerez de la Frontera, Jacques won the World Championship title after finishing third.
What can we say? Some one once wrote that chance does not exist: we define an order for chance, a mysteriously lucid and precise logic that we cannot fully comprehend but only intuit.
Perhaps this time it truly is like this.

Gilles Villeneuve
Agip
12

Jacques a Fiorano

Otto maggio 2012. A Fiorano sono le 10,44 di mattina quando la Ferrari 312 T4 urla, Jacques Villeneuve esce dai box e dal pratino prospicente parte un applauso spontaneo. Il Campione del mondo 1997 indossa il casco nei suoi colori, più una tuta rosso fiammante e fa fatica a ingranare la prima, così uno dei vecchi meccanici in livrea Agip, sottovoce, butta là pudìco: «L'è parté in térza...».

Fa niente. Non è solo una vecchia, gloriosa Ferrari, quella, ma molto di più. Con essa e in essa la macchina del tempo si riavvia vorticosa, ancora una volta è come salire a bordo della De Lorean del film "Ritorno al futuro".

Jacques sfreccia dando gas al 12 cilindri piatto brutale, lasciando scie d'aromi ricinati. Per la prima volta da quando è tornata in Italia, Joann Villeneuve s'abbandona alla commozione e Brenda Vernor, storica segretaria particolare di Enzo Ferrari, l'abbraccia forte, con Mélanie, la figlia di Gilles, che si morde le labbra.

Rispetto a Erbè, quando girava Arnoux e sembrava tanto una festa scanzonata, la passerella nel cuore caldo della torcida ferrarista chiama sentimenti più tridimensionali e pungenti.

Là fuori, aggrappati alle reti, tifosi a migliaia. Come fosse gara vera. E gara è stata. Con Gilles, impalpabile e palpabilissimo, che una volta di più ha dimostrato di vincere contro la sorte, i sogni spezzati e il tempo che passa.

Al traliccio, al tornantino, un po' ovunque, antichi aficionados e, soprattutto, tanti giovani avvolti in Rosso.

Ragazzi che l'Aviatore non l'hanno visto mai dalla Collina della Passione di Imola, ai tempi in cui per delirare di Febbre

Jacques pays tribute to Gilles at Fiorano 2012

8 May 2012. It is 10.44 in the morning at Fiorano when the Ferrari 312 T4 begins to scream, Jacques Villeneuve comes out of the pits and from the small lawn in front comes a spontaneous applause. The 1997 World Champion is wearing a helmet in his colours and a bright red suit. He has trouble engaging first gear and one of the old mechanics in the Agip livery mutters, "He started in third..."

No matter. That is not just an any old, glorious Ferrari, but much, much more. It causes to time itself double back and once again it feels like climbing aboard that De Lorean in the film Back to the Future.

Jacques gives the brutal flat-12 full throttle, leaving a trail of castor-oil aromas. For the first time since she arrived back in Italy, Joann Villeneuve gives in to the emotions and Brenda Vernor, the historic special secretary to Enzo Ferrari, hugs her as Melanie, Gilles' daughter, bites her lips.

Compared with Erbè, when Arnoux was at the wheel and it all seemed a carefree party, this appearance at the beating heart of the Ferrari torcida calls up more pungent and hard-hitting sentiments.

Out there, hanging from the fences, are thousands of tifosi. As if it were an actual race. And a race it was. With Gilles impalpable yet incredibly present and once again showing his ability to overcome ill fortune, broken dreams and passing time.

On the pylon, at the hairpin, everywhere, old aficionados and, above all, many, many young fans draped in red.

Kids the Aviator would never have seen from Imola's Hill of Passion in the times when all it took to light the Fever was

bastava un giro da niente, come quello d'inizio del warm-up al Gp d'Italia 1980, quando lui arrivò facendo WHAM! WHAM! dalla Variante Alta accolto da trombe da stadio e al suo saluto dall'abitacolo la curva esplose in un boato.
No, la teen generation 2.0 di Twitter & Facebook ha imparato a conoscere le imprese di Gilles su youtube, in pillole di tremolanti reperti ampex, e s'è presentata a Fiorano a gustare colui che qui e ora per progenie più gli rassomiglia.
Jacques è fermo al tornantino col 12 cilindri a pressione olio zero. No problem. Arriva una jeep a dargli una mano e si torna ai box.
Dietro le reti nessuno si muove. Verrebbe quasi da non chiamarla nostalgia, perché per tanti PlayStation boys Gilles è solo un presente virtuale, che a sera inoltrata potranno incontrare di nuovo guardando il pc in camera, sul web o nel dvd di Autosprint. Perché forse lui ora è qualcosa di diverso. Incarna una voglia tutta attuale di personaggi puri e gare ancora più vere.
Poi la seconda serie di run della T4. E un'altra ancora, con un paio di tornate più briose delle altre.
La multifunzionalità del mito Gilles Villeneuve, il divampare d'entusiasmo nei race fans al trentennale della sua scomparsa, è anche un anelito attualissimo che – mentre a Fiorano Jacques rientra ai box, il Boxer tace e Joann torna a sorridere serena –, guarda con occhio più esigente al presente dell'automobilismo, non smettendo di cercare belle storie nelle corse di domani.
Storie come quella di Gilles Villeneuve.

a nothing lap such as the warm-up for the 1980 Italian GP when he arrived, WHAM! WHAM! from the Variante Alta, greeted with stadium horns and on his salute from the cockpit an explosive roar from the stands.
No, the teen generation 2.0 of Twitter and Facebook has learnt about Gilles' feats from Youtube, in trembling Amplex relics and turned up at Fiorano to se the man who here and now is closest to him.
Jacques is waiting at the hairpin with 12 cylinders and zero oil pressure. No problem. A Jeep arrives to lend a hand and they return to the pits.
Behind the fences no one moves. Perhaps nostalgia would be the wrong word, because for so many Playstation boys Gilles is only a virtual presence, who they meet again late in the evening looking at their PC in the bedrooms, on the Web and the Autosprint DVDs. Because he is perhaps now something different. He embodies a present day desire for pure personalities and even more real races.
Then comes the second series of runs with the T4. And another, with a couple of corners taken a little faster.
The multifunctionality of the Gilles Villeneuve legend, the wave of enthusiasm of the race fans on the 30th anniversary of his death, is also a contemporary yearning that - while Jacques returns to the pits at Fiorano, the Boxer stands silent and Joann smiles again – regards modern motor racing with a more demanding eye, continuing to seek out the great stories in the races of tomorrow.
Stories like that of Gilles Villeneuve.

Jacques scende raggiante dalla 312 T4. E ha solo voglia di raccontarsi: «Sì, ero qui per capire le sensazioni che provava mio padre e ci sono riuscito. La 312 T4 non è una monoposto di 33 anni fa, ma una vera macchina da corsa. Ruggisce, la senti, scivola, parte, la riprendi... Ha molta coppia, t'incolla al sedile, guidando percepisci emozioni e si cambia anche senza frizione... E non è un robot, ha i suoi difetti. Facevo fatica a inserire la prima e mi sono fermato con la pressione olio a zero, ma è il suo bello, no?».

Solo questo? «No, c'era un motivo culturale. Questa per mio padre è stata la prima macchina a effetto suolo. Dopo la T3 che ho guidato a Goodwood, mi andava di saggiare la T4 che per lui giunse come una specie di rivoluzione tecnologica».

Niente a che vedere con le vetture a progettazione computerizzata e ipersicure della tua carriera, vero? «No, nel bene e nel male, aggiunge: finalmente ho guidato su una monoposto a guida avanzata, di cui potevo vedere l'anteriore. Scherzi a parte, mi chiedo: com'è possibile che su vetture del genere così poca gente si sia fatta male?».

In fondo hai sempre avuto un culto vintage delle corse... «E lo confermo. Nell'atteggiamento dei piloti ora le corse sembrano più videogames che vero motorsport. Però appartengo a questa era, nella quale le chance di sopravvivere a un incidente grave sono molto alte e aggiungo "fortunatamente"».

Un giorno da Jacques ferrarista. Peccato non sia accaduto due-tre lustri fa... «Sarebbe stato bello, ma nell'era Schumi non c'era posto per Villeneuve, alla Rossa. Gli anni sono passati per me e quando non si vince le porte si chiudono...».

Approfittando di essere alla Ferrari, hai autografato il cerchione con cui nel finalone di Jerez '97 Schumi ti rifilò

Jacques beams as he gets out of the 312 T4. And is eager to talk: "Yes, I was here to experience the sensations my father felt and I succeeded. The 312 T4 is not a car of 33 years ago, but a true racing car. It roars, you hear it, it slips, slides and you catch it... It's got immense torque, it glues you to the seat, you feel emotions as you drive and you change gear without even using the clutch... And it's no robot, it has its defects. I had trouble engaging first and I was left standing with no oil pressure, but that's what it's all about isn't it?"

Is that all? "No, there was a cultural motive. This for my father was the first ground effects car. After the T3 which I drove at Goodwood, I was keen to try the T4 that came as a kind of technological revolution for him."

Nothing in common with the computer-designed and hyper-safe cars of your career, right? "No, for better and for worse", he adds. "I've finally got to drive a racing with a forward-set driving position of which I could see the front end. Joking aside, I have to ask myself: how was it possible that with cars like this so few people were killed?"

Actually, you have always had a thing for vintage racing... "Yes, that's right. In the current drivers' approach the races seem more like videogames than true motorsport. But I belong to this era, in which the chances of surviving a bad crash are very high, and thank goodness, I'd add."

Jacques a Ferrarista for a day. A shame is was 10 or 15 years ago... "That would have been good, but in the Schumi era there wasn't room for Villeneuve at the Rossa. The years have passed for me and when you're no longer winning the doors close..."

MICHELIN
MICHELIN
Agip
12
FIAT
Gilles Villeneuve
Agip
12
12
Agip
brembo
SKF
arexons
Agip
MICHELIN
Agip

MICHELIN
Agip
Gilles Villeneuve
FIAT
12
MAGNETI MARELLI
SCHMITTHELM
CHAMPION
brembo
Agip
arexons
SKF
speedline

la botta, nel giorno del tuo trionfo iridato... «Be', per me fu un pomeriggio bellissimo e anche quello, guardato oggi, è diventato uno stupendo ricordo».
E questa F.1 ti piace? «È diventata falsa. Intendo dire che non mi piace per niente il Drs, l'ala mobile, che propizia sorpassi finti. Poi vedo piloti troppo spesso scorretti. Webber è uno e si sapeva, ma anche i due della Sauber, Kobayashi e Perez, non scherzano affatto.
Sarebbe bello vederti in GT a bordo di una Ferrari, magari per vincere la categoria a Le Mans: «La 24 Ore della Sarthe è affascinante per competere nell'assoluta, una vittoria di classe non mi cambierebbe nulla. Il mio futuro è in America. Coltivo ancora il sogno della Nascar e sto lavorando per questo, ma è difficilissimo, perché ho un cognome francese e vengo dalla F.1. E incontro le stesse diffidenze di un pilota Nascar che volesse correre nei Gp. Ma io non mollo. Vedremo».
Mentre parliamo è l'8 maggio... «È il giorno giusto per scrivere che come pilota non sarò mai migliore di mio padre. Fosse vissuto, avrebbe vinto il titolo. Lui stava cambiando, crescendo. E l'8 maggio 1982 è diventato un mito». Tu non lo sei? «No, io no». Perché? «Tra gli altri motivi, perché sono vivo».
Jacques, qual è la parte più affascinante della tua presenza a Maranello? «Vedi, c'è una sola cosa che non puoi cambiare nella vita: il tuo passato. Questa era una parte dell'esistenza di Gilles che mi mancava e oggi l'ho recuperata. Ho una visione spirituale della vita e, anche grazie a un giorno come questo, adesso mi sento un uomo migliore».

As you were at Ferrari, you autographed the wheel with which at the culmination of the '97 race at Jerez Schumi gave you that thump on the day of your World Championship triumph... "Well, for me it was a fantastic afternoon and looking back today even that has become a wonderful memory."
And do you like this F1? "It's become fake. I mean to say that I really don't like DRS, the mobile wing, which facilitates fake overtaking. And then I see too much foul play among the drivers. Webber was one who dished it out, but the Sauber pair Kobayashi and Perez don't mess about either."
It would be great to see you in GT racing aboard a Ferrari, perhaps chasing a class win at Le Mans: "Just competing in the Sarthe 24 Hours is fantastic in itself, a class win wouldn't change anything for me. My future is in America. I still have a Nascar dream and I'm working towards this, but it's extremely difficult as I have a French name and come from F1. And I meet the same diffidence as a Nascar driver wanting to switch to GP racing. But I'm not giving up. We'll see."
It was the 8TH of May today... "An appropriate day to write that as a driver I'll never be better than my father. Had he lived, he would have won the title. He was changing, growing. And on the 8TH of May 1982 he came a legend." Aren't you? "No, not me." Why's that? "Because among the other reasons, I'm still alive."
Jacques, what's the best part about being here in Maranello? "You see, there's only one thing you can't change in life: your past. This was a part of Gilles existence I missed and today I've found it. I have a spiritual vision of life and, thanks in part to days like this, I feel I'm a better man."

Marlboro
MICHELIN
CHAMPION
Agip
GIACO
BAZZI
SM
EG

Talk show su Gilles

Per un giorno ci hanno rubato il mestiere, nel cuore di casa Ferrari, l'8 maggio 2012. Nei trent'anni dalla scomparsa di Gilles, la famiglia Villeneuve – Jacques, Mélanie e la mamma Joann –, la stessa Ferrari, con in testa Luca Cordero di Montezemolo, Piero Ferrari e i piloti Alonso e Massa, più l'ingegner Forghieri e la 312 T4, si sono riuniti a Fiorano scrivendo a modo loro una puntata memorabile della storia romantica delle corse. Non solo per quello che è accaduto in pista, ma anche per l'eccezionale stimolo fornito dall'evento, che ha sciolto frammenti emotivi cristallizzati dal tempo, in un fiume caldo di ricordi.

Ad aprire le danze è il presidente Luca Cordero di Montezemolo: «Ferrari volle a ogni costo Villeneuve, che si dimostrò straordinario come impeto. Certo, umanamente sono più legato ai piloti di cui ero stato direttore sportivo subito prima, ossia Lauda e Regazzoni, ma Gilles si fece strada a modo suo. Quando arrivò, a fine 1977, non ero più "diesse", eppure di quell'ambiente ho fantastici ricordi. In un mondo come quello ci poteva stare perfino un mio arresto. Accadde al Gp di Spagna 1975, al parco del Montjuich, quando un solerte commissario voleva far sgomberare i meccanici dal box Ferrari e io li difesi in modo un po' irruente. Si ripresentò poco dopo con la Guardia Civil franchista, decisa a mettermi le manette. Per fortuna ci chiarimmo». Perfino Cordero di Montezemolo, quindi, visse in quella F.1 dura e pura un pomeriggio tutto di traverso. Stile Gilles.

Il resto, alla fine del test, è un vero talk show, quasi una "all star" della rimembranza, moderata da Pino Allievi.

Talking about Gilles

Just one day they beat us at our own game at the heart of Casa Ferrari on the 8TH of May 2012. On the 30TH anniversary of the death of Gilles, the Villeneuve family - Jacques, Melanie and their mother Joann – with Luca Cordero di Montezemolo, Piero Ferrari and the drivers Alonso and Massa reprsenting the company, the engineer Forghieri and the 312 T4, all came together at Fiorano to write after their own fashion a memorable chapter in the romantic history of motor racing. Not just for what happened on track, but also for the exceptional stimulus provided by the event that shook loose emotive fragments crystallised by time in a warm stream of memories.

Opening proceedings was the Ferrari president Luca Cordero di Montezemolo: "At all costs Ferrari wanted Villeneuve, who provided an extraordinary impetus. Certsainly, I have a greater human bond with the drivers of whom I was the sporting director immediately beforehand, Lauda and Regazzoni, but Gilles made inroads in his own way. When he arrived, late in 1977, I was no longer the diesse, but I have fantastic memories of that environment. In a world like that even me getting arrested was a possibility. It happened at the Spanish GP in 1975 at Parc de Montjuic, when an eager marshal wanted to get the mechanics out of the Ferrari pits and I defended them a little impetuously. He returned shortly afterwards with Franco's Guardia Civil, determined to put me in handcuffs. Fortunately we were able to clear the matter up." So even Cordero di Montezemolo experienced a difficult afternoon in that rough and ready F1. In the style of Gilles.

The rest, following track session, was a real chat show, something of an "all-star" commemoration, moderated by Pino

CHAMPION
FERODO
Agip

Con Massa, Alonso, Piero Ferrari, Forghieri, Jacques, Mélanie e mamma Joann a dare vita a un evento nell'evento, che vale la pena di far rivivere e godere agli appassionati che non erano lì.
Ha aperto le danze Jacques: «Di solito un bambino ricorda giochi e giocattoli, invece la mia infanzia si è svolta in pista, nel motorhome, con tutta la famiglia e il cane lupo. Era più bello che andare a scuola. A Zeltweg '79, mi trovavo alla curva Bosch, come fu bello un anno a Montecarlo, quand'ero in compagnia del nonno. Di Gilles al 90% ho ricordi da pilota e solo il 10% da uomo. È anche vero che l'uomo si esprimeva grazie al pilota: se non faceva le cose a modo suo in pista, non sentiva d'essere se stesso. Posso dire di aver preso da lui il piacere di andare al limite, anche se fare così non paga. Penso che se Gilles fosse stato vivo (lui lo chiama "Gilles" e non papà, ndr), lo avrei avuto al fianco nella mia carriera, ma sarebbe stato per certi versi più difficile, perché avrebbe voluto gestirmi lui... Comunque, se avessi corso in tempi meno sicuri dei miei, sarei morto anch'io correndo.».
Gli ha fatto eco Piero Ferrari: «Gilles fu una scelta di mio padre ed era difficile contraddirlo: una volta imboccata una strada, bisognava percorrerla fino in fondo. E così andò...». Chiosa Mauro Forghieri: «Con Enzo Ferrari si poteva ragionare sulle scelte tecniche, ma quelle personali le imponeva. Gilles fu una di queste».
Sul rapporto padri-figli da corsa, Felipe Massa dice la sua: «Mio padre correva e in me scattò la molla dell'emulazione: volevo fare come lui. E mi ha aiutato moltissimo, dai kart alla F.1».
Alonso sull'argomento è spassoso: «Papà aveva costruito un kart per mia sorella e grazie a Dio a lei non piaceva

Allievi. Massa, Alonso, Piero Ferrari, Forghieri, Jacques, Melanie and Joann contributed to an event within an event that is worth reviving here for all those enthusiasts who were not present.
Jacques led off: "A kid usually remembers games and toys, instead my infancy was experienced at the race track, in the motorhome with all the family and the German Shepherd. It was better than going to school. At Zeltweg in '79 I found myself at the Bosch corner and it was great one year at Monte Carlo when I was in the company of my grandfather. 90% of the memories I have of Gilles are of the driver and only 10% the man. It's also true that the man expressed himself thanks to the driver: if he didn't do things his way on track he didn't feel himself. I have to say that got from him the pleasure of taking things to the limit, even though it doesn't pay. I think that if Gilles had lived [he calls him Gilles and not father, Ed.] I would have had him alongside me in my career but that in certain ways it would have been more difficult, because he would have wanted to manage me... In any case, had I raced in times less safe than my own, I too would have died racing."
Piero Ferrari was next up: "Gilles was my father's choice and it was difficult to contradict him: once he had started down a path, you had to let him go all the way. And so it was..." Mauro Forghieri joins in: "With Enzo Ferrari you could argue about technical issues, but in personal matters he dictated terms. Gilles was one of these."
Regarding the father-son racing relationship, Felipe Massa had this to say: "My father raced and I was inspired to emulate him: I wanted to be like him. And he helped me a lot, from karts through to F1."

SCUOLA

come a me, quindi ci ho corso io. Ho iniziato a tre anni, anche se a due e mezzo già giravo. E mio papà mi spronava. Aveva legato il mezzo a una corda e, quando sbagliavo le curve, lui la tirava. Non credo che per un uomo sia il massimo passare le domeniche tirando una corda quando suo figlio sbaglia traiettoria, a mezzo chilometro all'ora, quindi pensate che passione aveva...».

Massa torna su Gilles: «Proprio a livello di passione per me è stato fantastico scoprire Gilles nei video. Digione '79 è una storia incredibile. In quell'epoca guidavano tutti di traverso e lui più degli altri...».

Alonso gli fa eco: «Anch'io Villeneuve l'ho scoperto nelle immagini di repertorio e soprattutto dall'amore che la gente ha per lui. Un valore profondo, che ho meglio compreso approdando in Ferrari. È stato impressionante e scioccante rendermi conto di quali valori profondi Gilles sia portatore».

Eppure viene da chiedersi se uno come lui avrebbe spazio nella F.1 d'oggi... Piero Ferrari ha la sua visione: «Era aggressivo ma mai scorretto, lo dimostra Digione '79. Oggi lo stile è condizionato dalle monoposto, se guidi troppo aggressivo rischi di andare piano...». Chiosa Jacques: «Giusto, essere aggressivi è un conto e scorretti è un'altra cosa. In quell'epoca c'erano più crash singoli e meno collisioni, il coraggio contava e emergevano delle vere e proprie gesta». Alonso gli va in scia: «Sono d'accordo. Oggi si vedono molte manovre non rispettose del regolamento ed è giusto intervenire. A correre scorretti si comincia in Gp3 e in Gp2 e questo non va bene. E anche Gilles oggi dovrebbe fare i conti col fatto che le monoposto richiedono parametri di

Alonso was hilarious on this subject: "Dad built a kart for my sister and thank God she didn't like it was much as me so I got to race. I began at three years old, but at two and a half I was already driving. And my dad urged me on. He had tied a rope to the kart and when I got a corner wrong he'd pull it. I don't think it could have been much fun for a man to spend his Sundays pulling a rope when his son messed up his line at half a kilometre an hour; just think about how much passion he must have had..."

Massa returns to Gilles: "In terms of passion, for me it was fantastic to discover Gilles on video. Dijon '79 was an incredible story. In that era they all drove sideways, him more than the others..."

Alonso agrees: "I too discovered Villeneuve in old images and above all through the love people have for him. A profound love that I better understood once I joined Ferrari. It was awesome to realise the depth of the values that Gilles carried."

And yet you have to ask yourself if some one like him would have found a place in F1 today... Piero Ferrari has his own vision: "He was aggressive but never unfair, as demonstrated at Dijon in '79. Today, driving style is conditioned by the car, if you drive too aggressively you risk going slowly..." Jacques comments: "That's right, being aggressive is one thing, unfair another. In that era there were more individual crashes and less collisions, courage counted for something and truly heroic deeds were performed." Alonso follows in his slipstream: "I agree. Today you see numerous manoeuvres that don't respect the regulations and it's right to intervene. This kind of unsporting racing starts in GP3 and GP2 and it's not right. And even Gilles would today have to deal with the fact that the cars require similar driving parameters, a little robot-like,

SMEG
PIEMME
Didier Pironi
Gilles Villeneuve

guida simili, un po' da robot, senza lo stile libero di una volta». Puntualizza Massa: «Anche perché oggi la fa da padrone la downforce, mentre prima c'era più grip meccanico e si era sempre di traverso. In pista c'era molto più rispetto tra piloti».

Forghieri ferma tutti: «Un momento, intervengo sul piano tecnico: noi alla Ferrari avevamo un rapporto 3 tra resistenza e deportanza. Abbiamo montato le minigonne, sfruttando l'effetto suolo, solo quando Enzo Ferrari ce lo ha permesso, due anni dopo gli altri. Volendo, potevamo avere una monoposto avanti nei tempi, anche se a Maranello eravamo solo in 162 dipendenti, compreso l'autista del Drake. Nel 1979 Gilles fece 100 giri a Fiorano con una F.1 dotata già di cambio automatico, ma lui mi disse che non la voleva così: "Mauro, lascia stare, ci sono troppi fili". Okay fine della storia, in fondo doveva correrci lui. Resta il suo fascino: era un puro, un semplice, un innocente. Dava al pubblico ciò che voleva. Vedi, Jacques, se tu potessi girare con la 126 Ck turbo rimarresti sorpreso: 630 cavalli in gara e 900 in prova, per un giro solo. L'effetto suolo c'era, era guidabile, ma richiedeva un grande impegno fisico».

Jacques aggiunge: «Ci credo. Ora il problema vero è dato dal comportamento dei piloti, che non fanno altro che ostacolarsi sul dritto».

È inevitabile, il discorso non può che scivolare sull'epilogo della carriera di Gilles, alla rottura tra lui e Pironi a Imola '82, quando il francese lo attaccò e andò a vincere una gara che il canadese sentiva sua di diritto. Una lacerazione definitiva, che fu prodromo non certo casuale alla tragedia di Zolder, pochi giorni dopo.

without the freedom of the past." Massa clarifies: "Downforce plays the major role today, while previously it was more mechanical grip and you were always sideways. There was more respect between drivers on track."

Forghieri holds up his hand: "One moment, let me make a technical point: at Ferrari we had a ratio of 3:1 between drag and downforce. We fitted side-skirts, exploiting ground effects, only when Enzo Ferrari allowed us to do so, two years after the others. If we had wanted, we could have had a car that was ahead of its time, even though there were only 162 of us Maranello, including the Drake's driver. In 1979, Gilles completed 100 laps at Fiorano with an F1 already fitted with an automatic gearbox, but he told me he didn't want one: 'Mauro, forget it, there are too many wires.' So, end of the story, in the end it was him who would have to do the racing. What remains is his appeal: he was pure, simple, an innocent. He gave the public what they wanted. You see, Jacques, if you could drive the 126 CK turbo you'd be surprised: 630 hp in the race and 900 in qualifying, for a single lap. There was some ground effect, it was driveable, but it took great physical strength."

Jacques adds: "I bet it did. Now the real problem is the behaviour of the drivers who do nothing but try to obstruct you on the straight."

It is inevitable, the discussion could hardly not move on to the epilogue of Gilles' career, the schism between him and Pironi at Imola in '82 when the Frenchman passed him and went on to win a race the Canadian felt to be his by right. A definitive laceration, that was the by no means casual prologue to the Zolder tragedy a few days later.

Piero Ferrari scuote la testa: «Nessuno ha capito al cento per cento cosa sia successo a Imola '82. Ciascuno dei piloti non si rese esattamente conto di come avrebbe dovuto comportarsi. Peccato davvero sia finita così...».
Interviene Forghieri e va al fondo della faccenda: «Quella domenica non ero a Imola, e non lo dico io, ma ho sentito qualcuno in sala aggiungere "purtroppo". Al tempo andavo in pista solo quando c'erano grane tecniche e quella volta proprio non ce n'erano. La storia è semplice. Nel 1979 Gilles aveva aiutato Scheckter a vincere il Mondiale ed era nella logica che toccasse a lui diventare iridato con la Ferrari. Anche il Commendatore la pensava così. Nel finale del Gp di San Marino, con Gilles in testa, fu mostrato ai piloti un cartello con su scritto "Slow", l'ordine di scuderia di mantenere le posizioni. Non andò così, perché Pironi attaccò. Certo, si pensava fosse una recita per intrattenere il pubblico con qualche scambio di sorpassi, ma il finale fu ben diverso. Gilles ci rimase male, molto male. Nei giorni successivi neanche voleva più provare. "Dai, non fare così – gli dissi – ci sono ancora tanti Gp quest'anno, ti rifarai". Lui un po' si calmò e girò a Fiorano, ma andò a Zolder ancora ferito per quanto era accaduto. E l'8 maggio fu troppo precipitoso nel volere fare il tempo. Infatti Pironi, che aspettò a girare, fece meglio di lui e il canadese volle tornare in pista con gomme usate. "Va bene – gli dissi –, te lo consento, ma un solo tentativo poi torni ai box". L'incidente accadde nel giro di rientro, con Mass, un pilota molto corretto. Sinceramente credo che ci sia stata un'incomprensione, con Gilles che, per un attimo distratto, non ha capito il tedesco».
Jacques dice la sua, sull'argomento che più di tutti gli sta a cuore: «Gilles era arrabbiatissimo. Se corri col sentimento che ti hanno derubato, poi ci sta che tu faccia cose che non devi fare. A Imola c'era un accordo che fu

Piero Ferrari shakes his head: "No one really knows what happened at Imola '82. Both drivers failed to recognise exactly how they should have acted. It really is a shame that it finished like that..."
Forghieri interrupts and gets right to the bottom of the episode: "That Sunday I wasn't at Imola – and I didn't say it, but I heard some one in the room add 'unfortunately'. In that period I only went to the track when there were technical problems, and that time there just weren't any. The story is simple. In 1979, Gilles had helped Scheckter win the World Championship and it was only logical that it would be his turn to become champion with Ferrari. The Commendatore felt the same way. At the end of the San Marino GP, with Gilles leading, the drivers were shown a board with the word 'Slow', the team orders to maintain position. This didn't happen, because Pironi attacked. Sure, there were those who though it was a bit of play-acting to entertain the public with a few passes, but the finale was very different. Gilles took it very, very badly. He didn't even want to go testing in the following days. 'Come on, don't be like that', I said to him, 'there are still plenty of races this year, you'll get your own back.' He calmed down a little and lapped at Fiorano, but was still feeling hurt by the episode when he went to Zolder. And on the 8TH May he was in too much of a hurry to set a time. Pironi, in fact, who waited before going out, did better than him and the Canadian wanted to go back out with worn tyres. 'OK,' I told him, 'I'll let you, but only for one lap and then your back in the pits.' The accident happened on the winding down lap, with Mass, a very sportsmanlike driver. I sincerely believe there was a misunderstanding, with a momentarily distracted Gilles failing to understand the German's move."

GIL
FOR
EVER
ARCORE
LA FRATE
ip
LAFRATE

violato. Lui non sopportava che a fare questo fosse stato un pilota al quale si sentiva superiore in pista e in Belgio guidò come uno che si sente indistruttibile. Il resto è noto».

Tocca alla moglie Joann dare di Gilles un'immagine calda e serena: «In Italia si è sempre sentito uno di voi. E anche io. I meccanici della Ferrari la sera ci tenevano i bimbi, mangiavamo tutti insieme, eravamo una grande famiglia.

Per lui la vita coincideva con le corse. Questo spiega tanto. Eravamo giovani, siamo maturati tra il calore e l'affetto di un Circo che girava il mondo e la nostra culla era tutta italiana». La figlia Mélanie aggiunge: «Ed è stato stupendo crescere in un ambiente in cui puoi dividere perfino le emozioni, tra gente così passionale».

La chiusa spetta di diritto a Jacques: «Ho iniziato a correre calzando le sue scarpe, forse solo perché erano molto comode. Per tanti anni non ho parlato di Gilles, perché chi pretendeva il mio commento aveva già risposte pre-confezionate nella sua testa e non voleva sentire altro. Oggi è diverso. Ho girato sulla sua pista, con la sua macchina. La gente, tutti, hanno capito me e io ho potuto capire più lui. L'ho sentito vicino. Perché lui tanti anni dopo è percepito così, da chi continua ad amarlo. È stato bellissimo».

Jacques adds his own opinion to the topic that lies at everyone's heart: "Gilles was furious. If you race with the idea that something has been stolen from you, then it's only natural you do things you shouldn't do. At Imola there was an agreement that had been broken. He hated the fact that this had been done by a driver he felt he was better than on track and in Belgium he drove like some one who felt they were indestructible. We all know the rest."

It is up to Jacques' mother Joann to paint a warm and serene portrait of Gilles: "In Italy he always felt one of you. And so did I. In the evening the Ferrari mechanics would babysit for us, we'd all eat together, we were one big family. For him, life coincided with racing. This explains everything. We were young, we grew up in the warmth and affection of a circus that toured the world and our cradle was all-Italian." Her daughter Melanie adds: "And it was fantastic growing up in an environment in which you could share even emotions with such passionate people."

The last word by right goes to Jacques: "I began racing wearing his shoes, perhaps just because they were very comfortable. For many years I didn't talk about Gilles, because those who sought my opinion already had the answers in their head and didn't want to hear anything else. It's different today. I've lapped the track in his car. The people, everyone, understood me and I was able to understand him better. I felt him near me. Because many years ago he is perceived in this way, by those who continue to love him. It was wonderful."

SMEG
CERAMICHE
PIEMME

Le gare della carriera automobilistica di Gilles Villeneuve

The races of Gilles Villeneuve's automotive career

1973

Formula Ford

Gilles Villeneuve debutta nell'automobilismo agonistico con una Magnum-Ford MkIII prendendo parte al campionato provinciale del Québec, aggiudicandosi sette delle dieci gare cui partecipa, vincendo il titolo e guadagnandosi il premio di Esordiente dell'anno.
Gilles Villeneuve debuts in competitive motor racing with a Magnum-Ford Mk III, taking part in the Québec provincial championship and winning seven of the ten races he started, the overall title and the Rookie of the Year award.

1974

Formula Atlantic, Player's Challenge Series (Canada)

16° nella classifica finale su March 74B-Ford Bda (Ecurie Canada-Schweppes)
Durante la stagione in un incidente a Mosport si frattura la caviglia sinistra.
16TH in the overall standings with a March 74B-Ford BDA (Ecurie Canada-Schweppes)
During the season he breaks his ankle in a crash at Mosport.

	Circuito *Circuit*	**Qualifica** *Qualifying*	**Gara** *Race*
26 maggio *26 May*	Westwood	-	terzo *third*
2 giugno *2 June*	Edmonton	sesto *6TH*	ritirato *retired*
16 giugno *16 June*	Gimli	sesto *6TH*	ritirato *retired*
1 luglio *1 July*	Mosport	quattordicesimo *14TH*	ritirato *retired*
11 agosto *11 August*	Halifax	-	nono *9TH*
1 settembre *1 September*	Trois Rivières	tredicesimo *13TH*	ritirato *retired*

1975

Formula Atlantic, Player's Challenge Series (Canada)

5° nella classifica finale su March 75B-Ford Bda (Team Skiroule)
5TH in the final standings with a March 75B-Ford BDA (Team Skiroule)

	Circuito *Circuit*	**Qualifica** *Qualifying*	**Gara** *Race*
25 maggio *25 May*	Edmonton	dicisettesimo *17TH*	quindicesimo *15TH*
1 giugno *1 June*	Westwood	ottavo *8TH*	quinto *5TH*
22 giugno *22 June*	Gimli	diciannovesimo *19TH*	PRIMO *FIRST*
6 luglio *6 July*	St.Jovite	quarto *4TH*	secondo *2ND*
20 luglio *20 July*	Mosport	settimo *7TH*	dicisettesimo *17TH*
17 agosto *17 August*	Halifax	settimo *7TH*	quattordicesimo *14TH*
31 agosto *31 August*	Trois Rivières	terzo *3RD*	quindicesimo *15TH*
7 settembre *7 september*	Brainerd	settimo *7TH*	quarto *4TH*

1976

Serie IMSA Camel GT Challenge

31 gennaio-1 febbraio
24 Ore di Daytona (Chevrolet Camaro, Carter Racing) in coppia con Maurice Carter: ritirato dopo 34 giri per rottura del motore. In realtà corre solo Carter, perché l'abbandono avviene prima che Gilles possa svolgere il suo turno di guida (l'equipaggio viene classificato sessantatreesimo)
31 January – 1 February
Daytona 24 Hours (Chevrolet Camaro, Carter Racing) with Maurice Carter: retired after 34 laps, broken engine In reality only Carter raced because he was forced to retire before Gilles could take the wheel (the team were classified 63RD)

Formula Atlantic, Player's Challenge Series (Canada) e IMSA (USA)

1° nelle classifiche finali su March 76B-Ford Bda (Ecurie Canada)
1ST in the overall standings with a March 76B-Ford BDA (Ecurie Canada)

	Circuito *Circuit*	**Qualifica** *Qualifying*	**Gara** *Race*
11 aprile *25 May*	Road Atlanta	PRIMO *FIRST*	PRIMO *FIRST*
9 maggio *1 June*	Laguna Seca	-	PRIMO *FIRST*
22 giugno *22 June*	Ontario	PRIMO *FIRST*	PRIMO *FIRST*
16 maggio *6 July*	Edmonton	PRIMO *FIRST*	PRIMO *FIRST*
30 maggio *17 August*	Westwood	PRIMO *FIRST*	ritirato *retired*
13 giugno *31 August*	Gimli	PRIMO *FIRST*	PRIMO *FIRST*
11 luglio *31 August*	St.Jovite	PRIMO *FIRST*	PRIMO *FIRST*
8 agosto *31 August*	Halifax	PRIMO *FIRST*	PRIMO *FIRST*
5 settembre *31 August*	Trois-Riviéres	PRIMO *FIRST*	PRIMO *FIRST*
19 settembre *31 August*	Road Atlanta	PRIMO *FIRST*	PRIMO *FIRST*

Campionato Europeo di F.2
su March 752-Hart (Project Four Racing)
European F.2 Championship
with a March 752-Hart (Project Four Racing)

	Circuito *Circuit*	**Qualifica** *Qualifying*	**Gara** *Race*
2 giugno *2 June*	Pau	decimo *10TH*	Ritirato *Retired*

1977

Formula Atlantic, Phillips International Championship (Sudafrica)
Formula Atlantic, Phillips International Championship (South Africa)

6° su Chevron B39-Ford Bda (Team Valvoline)
6TH with a Chevron B39-Ford BDA (Team Valvoline)

	Circuito *Circuit*	**Qualifica** *Qualifying*	**Gara** *Race*
15 gennaio *15 January*	Roy Hesketh	decimo *10TH*	terzo *3RD*
29 gennaio *29 January*	Kyalami	secondo *2ND*	quinto *5TH*
5 febbraio *5 February*	Welkom	quinto *5TH*	ritirato *retired*
19 febbraio *19 February*	Killarney	quarto *4TH*	ritirato *retired*

Formula Atlantic, Labatt Challenge Series (Canada)
Formula Atlantic, Labatt Challenge Series (Canada)

1° su March 77B-Ford (Direct Film)
1ST with a March 77B-Ford (Direct Film)

	Circuito *Circuit*	**Qualifica** *Qualifying*	**Gara** *Race*
22 maggio *22 May*	Mosport	PRIMO *FIRST*	Secondo *2ND*
26 giugno *26 June*	Gimli	secondo *2ND*	ritirato *retired*
3 luglio *3 July*	Edmonton	PRIMO *FIRST*	PRIMO *FIRST*
7 agosto *7 August*	Halifax	PRIMO *FIRST*	ritirato *retired*
14 agosto *14 August*	St.Felicién	PRIMO *FIRST*	PRIMO *FIRST*
4 settembre *4 September*	Trois-Riviéres	PRIMO *FIRST*	quarto *4TH*
25 settembre *25 September*	Quebec City	terzo *3RD*	PRIMO *FIRST*

Can-Am Scca Citicorp Challenge Series (Canada e Usa)
Can-Am Scca Citicorp Challenge Series (Canada and USA)

12° su Wolf-Dallara WD1-Chevrolet (Walter Wolf Racing)
12th with the Wolf-Dallara WD1-Chevrolet (Walter Wolf Racing)

	Circuito *Circuit*	**Qualifica** *Qualifying*	**Gara** *Race*
10 luglio *10 July*	Watkins Glen	quarto *4TH*	ritirato *retired*
24 luglio *24 July*	Road America	PRIMO *FIRST*	terzo *3RD*
21 agosto *21 August*	Mosport	sesto *6TH*	ritirato *retired*
4 settembre *4 September*	Trois Rivières	terzo *3RD*	ritirato *retired*

Campionato del Mondo Marche Silhouette Gr.5
World Championship for Marques Silhouette Gr.5

su Faltz Assen-Unilock-Bmw 320i, in coppia con Eddie Cheever
with the Faltz Assen-Unilock-BMW 320i, paired with Eddie Cheever

	Circuito *Circuit*	**Qualifica** *Qualifying*	**Gara** *Race*
20 agosto *20 August*	Mosport	undicesimo *11TH*	secondo *2ND*

Campionato del mondo di F.1
F.1 World Championship

debutto su McLaren M23 (Marlboro Team McLaren) al Gp di Gran Bretagna e dal Gp del Canada su Ferrari 312 T2 (Ferrari Sefac).
debut with the McLaren M23 (Marboro Team McLaren) at the British GP and from the Canadian GP with the Ferrari 312 T2 (Ferrari Sefac).

	Circuito *Circuit*	**Qualifica** *Qualifying*	**Gara** *Race*
16 luglio *16 July*	Gp Gran Bretagna *British GP*	nono *9TH*	undicesimo *11TH*
9 ottobre *9 October*	Gp Canada *Canadian GP*	diciassettesimo *17TH*	dodicesimo *12TH*
23 ottobre *23 October*	Gp Giappone *Japanese GP*	Ventesimo *20TH*	ritirato *retired*

1978

Campionato del mondo di F.1

F.1 World Championship

9° su Ferrari 312 T2 nelle prime due gare e nelle restanti su Ferrari 312 T3 (Ferrari Sefac),

9TH with the Ferrari 312 T2 in the first two races and the Ferrari 312 T3 in the remaining GPs (Ferrari Sefac).

	Circuito *Circuit*	**Qualifica** *Qualifying*	**Gara** *Race*
15 gennaio *15 January*	Gp Argentina *Argentine GP*	settimo *7TH*	ottavo *8TH*
29 gennaio *29 January*	Gp Brasile *Brazilian GP*	sesto *6TH*	ritirato *retired*
4 marzo *4 March*	Gp Sudafrica *South African GP*	ottavo *8TH*	ritirato *retired*
2 aprile *2 April*	Gp Usa West *USA West GP*	secondo *2ND*	ritirato *retired*
7 maggio *7 May*	Gp Monaco *Monaco GP*	ottavo *8TH*	ritirato *retired*
21 maggio *21 May*	Gp Belgio *Belgian GP*	quarto *4TH*	quarto *4TH*
4 giugno *4 June*	Gp Spagna *Spanish GP*	quinto *5TH*	decimo *10TH*
17 giugno *17 June*	Gp Svezia *Swedish GP*	settimo *7TH*	nono *9TH*
2 luglio *2 July*	Gp Francia *French GP*	nono *9TH*	dodicesimo *12TH*
16 luglio *16 July*	Gp Gran Bretagna *British GP*	tredicesimo *13TH*	ritirato *retired*
30 luglio *30 July*	Gp Germania *German GP*	quindicesimo *15TH*	ottavo *8TH*
13 agosto *13 August*	Gp Austria *Austrian GP*	undicesimo *11TH*	terzo *3RD*
27 agosto *27 August*	Gp Olanda *Dutch GP*	quinto *5TH*	sesto *6TH*
10 settembre *10 September*	Gp Italia *Italian GP*	secondo *2ND*	settimo *7TH*
1 ottobre *1 October*	Gp Usa East *USA East GP*	quarto *4TH*	ritirato *retired*
9 ottobre *9 October*	Gp Canada *Canadian GP*	terzo *3RD*	PRIMO *FIRST*

1979

Campionato del mondo di F.1

F.1 World Championship

2° su Ferrari 312 T3, dal Gp del Sudafrica su Ferrari 312 T4 (Ferrari Sefac)

2ND with the Ferrari 312 T3, from the South African GP with the Ferrari 312 T4 (Ferrari Sefac)

	Circuito *Circuit*	**Qualifica** *Qualifying*	**Gara** *Race*
21 gennaio *21 January*	Gp Argentina *Argentine GP*	decimo *10TH*	ritirato *retired*
4 febbraio *4 February*	Gp Brasile *Brazilian GP*	quinto *5TH*	quinto *5TH*
3 marzo *3 March*	Gp Sudafrica *South African GP*	terzo *3RD*	PRIMO *FIRST*
8 aprile *8 April*	Gp Usa West *USA West GP*	PRIMO *FIRST*	PRIMO *FIRST*
15 aprile *15 April*	Race of Champions	terzo *3RD*	PRIMO* *FIRST**
29 aprile *29 April*	Gp Spagna *Spanish GP*	terzo *3RD*	settimo *7TH*
13 maggio *13 May*	Gp Belgio *Belgian GP*	sesto *6TH*	settimo *7TH*
27 maggio *27 May*	Gp Monaco *Monaco GP*	secondo *2ND*	ritirato *retired*
1 luglio *1 July*	Gp Francia *French GP*	terzo *3RD*	secondo *2ND*
14 luglio *14 July*	Gp Gran Bretagna *British GP*	tredicesimo *13TH*	quattordicesimo *14TH*
29 luglio *29 July*	Gp Germania *German GP*	nono *9TH*	ottavo *8TH*
12 agosto *12 August*	Gp Austria *Austrian GP*	quinto *5TH*	secondo *2ND*
26 agosto *26 August*	Gp Olanda *Dutch GP*	sesto *6TH*	ritirato *retired*
9 settembre *9 September*	Gp Italia *Italian GP*	quinto *5TH*	secondo *2ND*
16 settembre *16 September*	Imola *Imola*	PRIMO *FIRST*	settimo* *7TH**
30 settembre *30 September*	Gp Canada *Canadian GP*	secondo *2ND*	secondo *2ND*
9 ottobre *9 October*	Gp Usa East *USA East GP*	terzo *3RD*	PRIMO *FIRST*

* non valida per il mondiale

** Non-championship race*

Giro d'Italia Automobilistico

Giro d'Italia Automobilistico

20-25 ottobre, su Lancia Beta Montecarlo Gr.5 (Team Lancia Alitalia) in equipaggio con Walter Rohrl e Christian Geistdorfer. Risultato: squalificato.

20-25 October, with the Lancia Beta MOntecarlo Gr.5 (Team Lancia Alitalia) teamed with Walter Rohrl and Christian Geistdorfer. Result: disqualified.

1980

Campionato del mondo di F.1
F.1 World Championship

10° su Ferrari 312 T5 (Ferrari Sefac)
10TH with the Ferrari 312 T5 (Ferrari Sefac)

	Circuito *Circuit*	**Qualifica** *Qualifying*	**Gara** *Race*
13 gennaio *13 January*	Gp Argentina *Argentine GP*	ottavo *8TH*	ritirato *retired*
27 gennaio *27 January*	Gp Brasile *Brazilian GP*	terzo *3RD*	sedicesimo *16TH*
1 marzo *1 March*	Gp Sudafrica *South African GP*	decimo *10TH*	ritirato *retired*
30 marzo *30 March*	Gp Usa West *USA West GP*	decimo *10TH*	ritirato *retired*
4 maggio *4 May*	Gp Belgio *Belgian GP*	dodicesimo *12TH*	sesto *6TH*
18 maggio *18 May*	Gp Monaco *Monaco GP*	sesto *6TH*	quinto *5TH*
29 giugno *29 June*	Gp Francia *French GP*	diciassettesimo *17TH*	ottavo *8TH*
13 luglio *13 July*	Gp Gran Bretagna *British GP*	diciannovesimo *19TH*	ritirato *retired*
10 agosto *10 August*	Gp Germania *German GP*	sedicesimo *16TH*	sesto *6TH*
17 agosto *17 August*	Gp Austria *Austrian GP*	quindicesimo *15TH*	ottavo *8TH*
31 agosto *31 August*	Gp Olanda *Dutch GP*	settimo *7TH*	settimo *7TH*
14 settembre *14 September*	Gp Italia *Italian GP*	ottavo *8TH*	incidente *accident*
28 settembre *28 September*	Gp Canada *Canadian GP*	ventiduesimo *22ND*	quinto *5TH*
5 ottobre *5 October*	Gp Usa East *USA East GP*	diciottesimo *18TH*	ritirato *retired*

1981

Campionato del mondo di F.1
Formula 1 World Championship

7° su Ferrari 126 Ck (Ferrari Sefac)
7TH with the Ferrari 126 Ck (Ferrari Sefac)

	Circuito *Circuit*	**Qualifica** *Qualifying*	**Gara** *Race*
15 marzo *15 March*	Gp Usa West *USA West GP*	quinto *5TH*	ritirato *retired*
29 marzo *29 March*	Gp Brasile *Brazilian GP*	settimo *7TH*	ritirato *retired*
12 aprile *12 April*	Gp Argentina *Argentine GP*	settimo *7TH*	ritirato *retired*
3 maggio *3 May*	Gp San Marino *San Marino GP*	PRIMO *FIRST*	settimo *7TH*
17 maggio *17 May*	Gp Belgio *Belgian GP*	settimo *7TH*	quarto *4TH*
31 maggio *31 May*	Gp Monaco *Monaco GP*	secondo *2ND*	PRIMO *FIRST*
21 giugno *21 June*	Gp Spagna *Spanish GP*	settimo *7TH*	PRIMO *FIRST*
5 luglio *5 July*	Gp Francia *French GP*	undicesimo *11TH*	ritirato *retired*
18 luglio *18 July*	Gp Gran Bretagna *British GP*	ottavo *8TH*	ritirato *retired*
2 agosto *2 August*	Gp Germania *German GP*	ottavo *8TH*	decimo *10TH*
16 agosto *16 August*	Gp Austria *Austrian GP*	terzo *3RD*	ritirato *retired*
30 agosto *30 August*	Gp Olanda *Dutch GP*	sedicesimo *16TH*	ritirato *retired*
13 settembre *13 September*	Gp Italia *Italian GP*	nono *9TH*	ritirato *retired*
27 settembre *27 September*	Gp Canada *Canadian GP*	undicesimo *11TH*	terzo *3RD*
17 ottobre *17 October*	Gp Las Vegas *Las Vegas GP*	terzo *3RD*	squalificato *disqualified*

1982

Campionato del mondo di F.1
F.1 World Championship

15° su Ferrari 126 C2 (Ferrari Sefac)
15TH with the Ferrari 126 Ck (Ferrari Sefac)

	Circuito *Circuit*	**Qualifica** *Qualifying*	**Gara** *Race*
23 gennaio *23 January*	Gp Sudafrica *South African GP*	terzo *3RD*	ritirato *retired*
21 marzo *21 March*	Gp Brasile *Brazilian GP*	secondo *2ND*	ritirato *retired*
4 aprile *4 April*	Gp Usa West *USA West GP*	settimo *7TH*	squalificato *disqualified*
25 aprile *25 April*	Gp San Marino *San Marino GP*	terzo *3RD*	secondo *2ND*
8 maggio *8 May*	Gp Belgio *Belgian GP*	incidente mortale *fatal accident*	-

FINITO DI STAMPARE/*PRINTED BY*

D'AURIA PRINTING SPA - ASCOLI PICENO

APRILE/*APRIL* 2015